资·政·新·编

大臣之道

——心性之学与理势合一

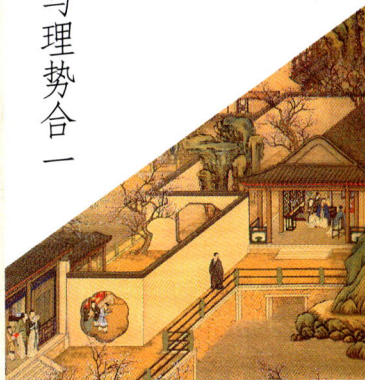

读船山学说

谢茂松◎著

中华书局

图书在版编目（CIP）数据

大臣之道：心性之学与理势合一 / 谢茂松著. —北京：
中华书局，2013.7
（资政新编）
ISBN 978 - 7 - 101 - 09425 - 1

Ⅰ.大… Ⅱ.谢… Ⅲ.王夫之（1619～1692）—政治思
想—研究 Ⅳ.B249.25

中国版本图书馆 CIP 数据核字（2013）第 121191 号

书　　名	大臣之道：心性之学与理势合一	
著　　者	谢茂松	
丛 书 名	资政新编	
责任编辑	包　岩　傅　可	
出版发行	中华书局	
	（北京市丰台区太平桥西里 38 号　100073）	
	http://www.zhbc.com.cn	
	E-mail:zhbc@zhbc.com.cn	
印　　刷	北京天来印务有限公司	
版　　次	2013 年 7 月北京第 1 版	
	2013 年 7 月北京第 1 次印刷	
规　　格	开本 /880×1230 毫米　1/32	
	印张 4⅜　插页 4　字数 120 千字	
印　　数	1-6000 册	
国际书号	ISBN 978 - 7 - 101 - 09425 - 1	
定　　价	25.00 元	

顯考武夷府君行狀 〔印〕

家世自太原受族以來中衰無傳派

先君子而上十世祖驍騎公諱仲一

始可系述驍騎公為直隸揚州府高

郵州人元末起兵從

高皇帝定中原紊功授世秩驍騎公

配馮宜人生輕軍公諱全以靖難功

王船山手迹：显考武夷府君行状。清康熙二十二年癸亥（1683）65 岁时撰。

貢生前無情素非有日暮塗窮之意而未善
尚衰皆以教官擢大位曹霸自陳不敢為人
師其不以聞冗視之可知也相沿既久挨貢
法行歲貢者皆學不足以博一舉而視此為
末路其能擢國學縣令者百不得一惰歸之
氣乘之雖欲不弃教道而弋脯脩不可得已
要未始非立法者之不圖其後乜學政唯末
為得餼儒皆州縣禮聘而不繫職于有司若
令提調就附近致仕閒住告病告養品官之

噩夢

王船山手迹：《噩夢》手稿，原件藏湖南省博物馆。

自題墓石 <small>珍學術山原和敬依船山遺書補題</small>

有明遺臣行人王夫之字而農葬于此其左則其

繼配襄陽鄭氏之所祔也自為銘曰

把劉越石之孤憤而命無從致希張橫渠之正

學而力不能企幸全歸于茲立固銜恤以永世

戊申紀元後三百 十有 年 月 日

　　男 勒石

墓石可不作徇汝兄弟為之止此不可增損一字

行狀原為請誌銘而設既有銘不可贅作若汝

兄弟能老而好學可不以來哲者毀我數十年後

略紀以示後人可耳勿庸問世也背此者自昧其心

己巳九月朔書授攽

王船山手迹：自題墓石。清康熙二十八年己巳（1689）71歲時書。

中國人民革命軍事委員會

据中央办公厅转来
台端致姚臻同志信，经阅悉。
回念当时颇给我一件王船山
手迹，摘云此种手迹近世甚为
稀有，不送至兄处，请为
保存为荷。顺祝
健吉

毛泽东
十二月三日

毛泽东1951年12月3日致郑振铎信，转交王船山手迹一件。

目　录

古今一体之治道

——内圣外王之道

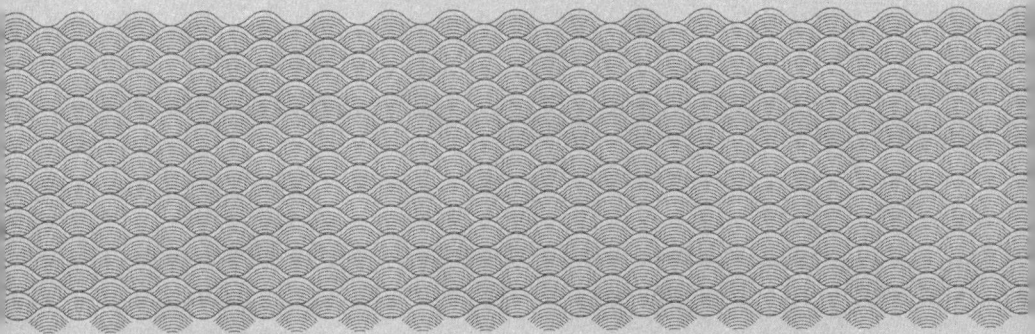

一、古今一以贯之之治道：内圣外王之道

如果要以一句话来概括中国文明之要义以及治道，那就是"内圣外王之道"。内圣是"修己"之心性修养，外王是由"修己"而后"安人"、"治人"的治国平天下之经世致用，"己欲立而立人，己欲达而达人"。内圣为"明体"，外王为"达用"，体立而用达，由内发乎外，内外一体贯通，二者缺一不可。

按哈佛大学人类学家张光直先生的著名论断，中国文明是世界历史上唯一的一直未断裂的原生道路文明，西方文明则是一次次断裂的次生道路文明，因而西方文明反而是例外，属于特殊主义，中国文明乃具有天下普遍性，故能源远流长，广大悠久而不息。而中国文明之大本大源即是"内圣外王之道"，古今一以贯之，这是中国文明经久不衰的深层秘密所在。

内圣外王之道为士君子之道，彻上彻下，贯通于为君之道与为臣之道，君臣相互感应一体，"为君难，为臣不易"。本书虽也讨论到

为君之道，君心之敬与肆，一念之慎、一念之惧而受天命成盛治等等，但主要还是集中于为臣之道，尤其是作为大臣、政治家的大臣之道。

大臣之道同时也意味着在心上下大功夫，立大本大源。此心非他心，为道义之心、仁义之心，持之定而不动摇，而后方能发而为经世、应万变之全体大用。

有心、有仁心还须有术，方能成就仁政之功业，故术亦甚为紧要，术是什么呢？术是"心之所生"（正所谓"心术"），是"四通八达之道"，心中所自有的处处逢源之道，而人却不自知心原本有广大深远之术，具广大变通之用。心是术之本，术不在心之外，术也反过来成全了心。只有对术有此精微之诠释，方可去除人们对于术的理解的误区，即术尽为权术、权谋、阴谋之狭窄、阴暗，而为人在道德上鄙视，但在行动上又不得不然之两难。

今天在干部选拔中强调德才兼备，以德为先，这一方向是对的，也深深契合中国政治传统之精神，但这样说却还不够，因为有可能将德与才分割为二物，还须有更深、更周全、更精微的一套论述，此即德能生才，才不在德之外，这样才不致因为将德与才分为二，可能造成有德而无才之弊，以致国中无人。在德与才二分之下，对于德的理解就可能陷于纯粹个人主观道德之偏颇，德当理解为"德者，得也"，"行焉而得之谓也"，相应地，"善"当理解为处事得宜，所以德、善作为政治伦理，皆不能离开政治实践之效果来单独谈所谓个人道德，德之为德、善之为善乃是要能及人、及远才是德、善。如果在这些方面，学理上有所突破，则对于德才兼备、以德为先更有自信，同时也将以德才兼备为干部选拔标准与执政党执政能力建设二者绾合为一，如此方能造就、选拔国家政治人才之济济多士，大政治家也就在其中蕴蓄。

大臣之道亦离不开心对于天理之信心，对于事理、时势之洞悉以及将理与势二者完全打成一片之把握，此即心与理之最终达到合一，理与势之最终达到合一。故大臣之道与心性之学、理势合一观实为三位一体，大臣之道绾合心性之学、理势合一观于一体，在彰显中国政治传统之伟大。

以上立论之依据本于明末清初大儒王船山之学，尤其是其经学《周易内传》、《周易外传》、《读四书大全说》，以及史论《读通鉴论》、《宋论》。经史之学向为中国学问之根本，经学为体、为本，史学为用。必有体之立而后才能有大用，体亦必发而为用；体不离用，体在用中显，没有无用之体，用乃是用其体。王船山之学体用兼备、体用互见，为做事、做大事之学，集中国历来治道之大成。既为做大事之学，则欲任大事者不可不学船山学，而又只有做事者方能真正体验船山学之精义利用而入神。故而其学当时虽不显，但其后一百多年，终为从晚清曾国藩、郭嵩焘、谭嗣同、梁启超、章太炎，一直到通过杨昌济而为其学生毛泽东所大用，断不可仅以湘学视之，乃是如民国时人言，"冀传播船山学说，为兴起中国之种子"。这也就引出船山所诠释的合心性之学与理势合一观为一的大臣之道对于今天中国政治的意义，即温故而知新。

二、大臣之不易任与大臣之道

本书首章讨论具体的大臣之道，次章讨论抽象之心性之学。先从具体的"用"的角度入手，而后由"用"而明"体"，将大臣之道归为心性之学，这是基于政治作为实践性知识、默会性知识的特性，它不同于规则性知识，所以要先从"用"下手。史较之经，则是"用"相对更为显在的呈现，故对于大臣之道之讨论，也先从船山之史论入手，然后才及于其经解，由用而及体。讨论心性之学则次序刚好反过来，先经而后史，由"体"而及"用"。

中国古代政治的结构由君、臣、民所构成。作为最高权力的唯一世袭的君，其一言一行自然是一人而可影响天下。而作为君与民之间的臣，即主要由科举而产生的士大夫官僚群体，是政治的实际操作者，大臣，即今天所说的政治家，更在其中起关键性的作用。船山指出，"国必有所恃以立。大臣者，所恃也"，而"无人者，无大臣也"。由于"大臣"任天下之重，大臣之品格则需要极高的要求，这即是船山所提出的"大臣之道"。

在讨论船山的"大臣之道"之前，先讨论他对与"大臣"相对的其他几类士人、臣子的批评，以见士人在政治上种种易犯之过失，从而在儒家所要求的政治成熟方面对士大夫群体作出自我反省。同时也在比较中见"大臣"之不易为，见"大臣"之难得，阐明政治所需要的至高的实践的智慧，这也是船山所强调的士的自我要求。

船山在《读通鉴论》、《宋论》中对历史上各种士人、臣子的辨析与批评，以士大夫的政治成熟度、政治能力为标准，可析为：逃避政治的清高之士，不考虑政治后果的直谏之臣、妄人、意气之士、躁人，急于求成以至不择手段的功名之士、刻核之吏、矫诡之士、游士，政治能力不足的疏庸之士、鄙陋之臣等。

试举几例，如西汉提出削藩的贾谊、晁错，常被后世推崇为有先见之明，但却被船山视为"躁人"——自诧先觉，躁动不能俟，而激物之动以至流血成渠。汉文帝时，吴王欲反，后世皆推崇贾谊、晁错之忧心而日夜筹划，船山则表彰文帝持之定而能待，而贾、晁二人不能测文帝其中之所持，急而不能待，船山由此提出了政治家如何居静以消弭、化解政治危机于无形的重大问题，如船山所言："吉凶之消长在天，动静之得失在人。天者人之所可待，而人者天之所必应也。

物长而穷则必消，人静而审则可动。故天常有递消递长之机，以平天下之险阻，而恒苦人之不相待。智者知天之消长以为动静，而恒苦于躁者之不测其中之所持。"汉文帝可谓知时、知几，能"居静以不伤物"，而物"亦不能伤之"，并能"善动以化物"。相反，贾、晁二人"恃其一罅之知，物方未动，激之以动。激之以动，而自诧为先觉。动不可止，毒遂中于天下，而流血成渠。国幸存，而害亦惨矣"。船山因此强调有一罅之知者，"慎密以俟之，毋轻于言"，而天下之祸可以息，此乃是就政治责任、政治后果而立言。船山由此也将人们日常经验中的"静"与"躁"、俟与不能俟之对比上升到政治原理的高度。

　　一谈到政治实践，人们最容易想到，也是为政者最容易选择的是"功名之士"，船山批评功名之士志在功名而不闻君子之道，最终功不遂、名不贞，实乃自贻之，船山提出君子"为其所可为而已"，"无求成求可之躁愿"，这就触及到了政治的有限性，或者说是政治的边界这一根本问题，政治不能是为急一时而无所不为，故政治不能是无所不能的，而乃有俟时、听命于天，这也是君子区别于功名之士之所在，是为消极中之积极。

　　刻核之吏，即古之所谓酷吏，鸷击富者、强者而合于小民之仇富、嫉强的幸灾乐祸心理，故而为小民所称道，但却为船山所批评。船山以为百姓称道的北宋包拯为刻核之吏，谓"包拯用而识者忧其致乱，君子之远识，非庸人之所能测久矣"。船山在解释《周易》"大过"卦九三爻时，以包拯为过刚而不顾下属不能胜任之例。船山对于刻核之吏的讨论乃与其对百姓流俗之毁誉不可徇以及风俗的考量联系在一起，他指出君子之道，完全不同于申、韩之刻薄者，在于"不欲求快于一时之心也。心苟快，而天地和平之气已不足以存，俗吏恶知此哉？"他强烈批评酷吏激起百姓之戾气，而强调"养天下之和平"，政治之最终目的乃是化民成俗，养百姓和平之气，这是船山讨论政治的出发点。

船山在对往往被人所称道的士人、臣子做出精微的批判、辨析后，显示出大臣、社稷之臣之不易得。

船山专门提醒欲大有所作为的大臣要特别注意："情愈迫者，从事愈舒；志愈专者，咨谋愈广；名愈正者，愈正其实；断愈坚者，愈周其虑。"

集思广益，而功不必自己立，这自然是大臣之道，船山指出也有不尽然者，非光大宅心而忠忱不渝者，不能知之。船山提出定社稷安危之事机决于俄顷的状况下，人臣当离人而任独，而不为擅权，他分析群僚之中实无可相赞助者："若夫宗社之所以安，大臣之所以定，奸邪窥伺于旁，主心疑贰于上，事机决于俄顷，祸福分于毫厘，则疏远之臣民，既非其所深喻；即同朝共事，无敢立异而愿赞其成者，或才有余而志不定，或志可任而才不能胜。徒取其志，则清谨自矜之士，临之而难折群疑；抑取其才，则妄兴徼利之人，乘之而倒持魁柄。如是者，离人而任独，非为擅也。知之已明，审之已定，握之于幽微之存主；而其发也，如江、河之决，不求助于细流。是道也，伊、周之所以靖商、周，慎守其独知，而震行无訾，夫孰得而与之哉？"船山认为三代以还，能做到这样的，只有北宋历仕仁宗、英宗、神宗的大臣韩琦一人而已。

当时宋英宗已长大，而母后之帘不撤，宵小持其长短，谤谮繁兴，以惑女主，而英宗之操纵，在其掌中，作为群相之首（即首相）的韩琦除了自己，朝中大臣实无可分担者："非独张升、曾公亮、赵概之不能分任其死生，即文、富二公直方刚大之气，至此而不充。故'决取何日'之言，如震雷之迅发，而叱殿司以速撤；但以孤忠托先君之灵爽，而不假片言之赞助。其坐政事堂，召任守忠，斥其恶而速驱以就窜，必不以告赵概，而制之以勿敢异同。"船山感慨以如此非常而须当机决断之事，若咨谋于百官，会议于堂皇，腾书于章奏，求其事之不败而不能。他由此赞扬韩琦之知光大而独任于己为臣道之极致："其志之贞，盟于梦寐；其道之正，积于生平；其情之定，忘乎生死；其力之大，发以精神。功何必不自己成，名何必不自己立，而初无居功立名之心，可揭日月以告之天下。《易》曰：'或从王事，知光大也。'知光大者之独行而无所恤，乃可以从王事，臣道之极致也。"船山比较后来南宋赵汝愚未能做到这点，他非韩侂胄不足以立功，但事权却失，虽有朱子，也不能善其后。船山再次强调："无乐取人善之虚衷，不足以经庶务；无独行其志之定识，不足以任大谋。刚愎自用者，及其临事而待命于人。斗筲之器，所受尽而资于瓶盎，必然之势也。"

　　大臣之独知而独任，是为进。大臣也不是一味地进，船山同时又提出"大臣之道，不可则止"，这并非只是保身之哲，实是以静制天下之动，而使小人自敝。船山强调"惟独立不受人之推戴，乃可为众正之依归"。北宋名臣司马光不能止"儿童走卒"挟己以争上，因而为船山所批评，船山指出"夫新法之病民，迫欲司马之相以蠲除之者，犹情理之正也。然而朝廷之用舍，国政之兴革，岂此喧呶一往之气所可取必者哉？"船山在此所批评的年轻士子、贩夫走卒挟大臣以争上，及其以喧呶一往之气一定要达到改革国政之目的，自然不只在北宋司马光时，在此之前有东汉党锢之祸，之后晚明东林党、晚清公车上书，都是一体相承的，而船山对于大臣与"儿童走卒"同样的政治不成熟的批评则尤具启示。

　　船山将司马光与东晋谢安、唐郭子仪作一比较："谢安石抗桓温，却苻坚，而民不知感。郭子仪厄于程元振，困于鱼朝恩，而众不为伸。"船山在此非常精到地提出了政治家之或用与或不用，都不应由百姓为之欢呼拥护或为之伸张为判断的重要问题，否则就可能引发种种意想不到的政治后果。真正的政治家，乃是其功成而不为百姓知、不为百姓感，那么政治家个人的意义又在哪里呢? 在船山看来，大臣即大政治家乃是独任，乐天知命而不忧，其政治乃是有所持守，反求诸己，出于内在之性，即天命之谓性，性之善，不是为了显赫的声名与权力。现代为政者已颇难体会船山所谓"民不知感"、"众不为伸"所蕴含之绝大政治智慧，反而是以或潜或显之表演来主动追求民之感。故政治虽说是处理群体之生活，但政治家个人之政治决断、行为选择却不以透明公开为追求目标，相反却是孤立自任的——独自一人静正地做政治决断，并顶先独立承担政治之后果，所以尤其需要优秀之政治品格，即大臣之道。

郭子仪最终能平定安史之乱，船山分析在于其"平情"，而允为唐之社稷之臣。郭子仪对于权势之去来，人主之疑信，乃至功之成与不成，皆平情以受之。平情之"坦然无我"、"可为则为，不可为则止"，超越了功名之士之必"求成求可"。而"平情"作为船山所提出的大臣之道，揭示了政治家既然选择以政治为志业，权势之来去就是政治中应有之义，情就不能不平，名则不可求，相反还可能承受无名、恶名，总之是坦然无我，并不求自我表白、甚至不求自我洗刷冤屈。

"正"，是船山所以为的大臣之道，唐狄仁杰可为典范。狄仁杰事武则天而终复唐之社稷，一般人都会认为狄仁杰之所以能得武则天之心，武则天唯狄仁杰之言是听，树虎臣于左右而武则天没有疑心，他一定是"委曲以用机权"，以得当于武氏，而后使为己用。船山考证于狄仁杰之生平，认为完全不尽然，狄仁杰"无不正之言，无不正之行，无不正之志而已矣"。船山由此提出，"所谓社稷臣者无他，唯正而已矣"。他精微地辨析，以机权制物者，物亦以机权应之，君子固不如奸人之险诈，而君子先倾；以正自处，立于不可挠之地，而天时人事自与之相应。

船山强调"当危乱之世,镇之以静,虑之以密,守之以大正,而后可以为社稷之臣"。大臣之镇静、虑密、大正,方可化解政治危机于无形,船山之论可谓深得治道极精之义,迥出众大儒之上。

治道之大用,为"用贤而兴教",所以尽早培养、造就政治人才以储为国家之柱石,他日成为国家可堪大受的接班人,方不惮大臣之道,船山以此批评东晋大臣谢安。谢安"任桓冲于荆、江,而别使谢玄监江北军事,晋于是而有北府之兵,以重朝权,以图中原,一举而两得",后来淝水之战之胜实依靠北府兵,船山赞扬此举可谓"谟猷之讦远者",可见其"知立国之弘规"。但他秉持国政十年,担心名位太重而遭人怨忌,所以"不私之于子弟",但走到另一极端,"惴惴然求以弭谤",而不及早培养可为国家大用的接班人,最终临事周章,亦其必然之势。由此批评谢安"量不弘而虑不周,有靖国之忠,而惘于大臣之道,安不能免于责"。

船山在《宋论》中对"大臣之道"有一归纳:"国家之政,见为利而亟兴之,则奸因以售;见为害而亟除之,则众竞于嚣。故大臣之道,徐以相事会之宜,静以需众志之定,恒若有所俟而不遽,乃以熟尝其条理,而建不可拔之基。志有所愤,不敢怒张也;学有所得,不敢姑试也。"船山常感叹知"治道"者甚少。

大臣之道的这些德行,正是允为大臣者区别于各种士,也区别于貌似大臣者的关键处,它显示出真正成熟的政治,显示出责任之重,对政治后果之承担,它是政治品格与政治能力的一体,是至高的政治实践的智慧。在此,船山对于"至善"的诠释特别值得重视,他将"至善"释为"皆得咸宜",强调行为的结果,曰:"何以谓之德?行焉而得之谓也。何以谓之善?处焉而宜之谓也。何以谓之至善?皆得咸宜之谓也。不行胡得?不处胡宜?"由此可见至善与大臣之道之合一。

躬行大臣之道的允为大臣者，其居静、俟而消弭危机于无形，区别于直谏之士、意气之士、躁人、妄人等士人的不考虑后果，他们或是出于道德理想主义，或是出于意气，但在不考虑后果上却是共同的；其持大正、平情、静、图远大、养天下之和平，区别于功名之士、刻核之吏、矫诡之士、游士等的不择手段而坏人心；其独任、密、规之远大，区别于政治能力不足的疏庸之士、鄙陋之臣，更区别于逃避政治的清高之士。

三、"志如其量，量如其识"：心性之学落实于政治实践

大臣之道亦意味着在心性上下功夫，本书第二章重在讨论政治家的政治实践之保证在于心性之学，这也是中国的伟大传统之所在。船山以志、量、识言心性，使得心性之学最终真正全然贯穿、落实于政治实践，发而为大用。

在"心"与"性"的关系的理解上，船山认为"性"为"心"之主，性是性善，人之性善全在此心上凝聚，而性本身"无为"，需要于"有为"之"心"上主动发出。"言学而不本之性，则不知人之所以为人"，性关乎人之为人之所在，同样也是天下事理之本，天下之事理如果不是"至性之所固有"，则"随感以迁"，不是过，就是不及，只因性有"当然之则"，故可以"生天下之动，而作其一定不易之经，是礼乐刑政之原也"。性也就是中国政治传统、政治哲学的出发点。船山进而指出，"功化之极，要皆吾性中之固有，而非于所性之外有所增益也"，而"处时势艰难以求自尽者，亦惟率吾性以行，而可以无忧"，"性"在政治实践中就具有决定性的位置。

若没有对"性"的这一精义的把握，在政治实践中往往容易陷

入于虚无主义以及功利主义之中。理解了"性"为中国政治传统、政治哲学的出发点，与"性"一体相关的"心"在政治实践中的位置才能安置。

船山强调心不能离性，否则只是知觉、思维的灵明之心，而不是含凝性善的良心、仁义之心。他对心既作出此区隔，也就特别强调正心，心是要正的，"正心"是他论心之关键所在。船山强调"心"不说在不在，只说正不正，"正者，仁义而已矣"，"正其心于仁义而持之恒在"，此"心"乃是"好善恶恶之本志"，"执持其志者，正其心也"，这是把"正心"落实于孟子所说的"持志"上，志为"心之用"，持志可谓是船山心性之学之核心，也是使心性之学最终能落实于政治实践之关键所在。志者，发心为志，此心为仁义之心，为道义之心，船山说："以道义为心者，孟子之志也。持其志者，持此也。"持志也就是持道义之心、持仁义之心。船山又强调"正其心，常持其志使一于善也"；"吾之动乎几微者，皆一如其志，而纯一于善，不摇于不善，心无不正矣"。持志在于"纯一于善"，这也是持志之要义所在。

"纯一于善"之"纯一"至为紧要，心"纯一"无杂，则声色杂投而心有所主，船山曰："养其纯一于善，成无杂之心体，然后声色杂投，而吾心之宁一有主者自若。"船山更进一步指出"非天下之至纯者，不能行乎天下之至杂"，而"不足以纯而欲试之以杂，则不贤人之知能而已矣。故曰：所恶于执一者为其贼道也，举一而废百也。霸者之术亦王者之所知，而王道规其全，则时出为事功，而无损于王者之业。……撰之全，斯体之纯。体之纯，斯用之可杂"。船山在此深刻地提出只有至纯才能用之于天下事之至杂，并批评心之杂而用之以天下事之杂，进而提出王道之全而大用，可以涵霸者之术。这些精微辨析对于政治实践者而言足以发人深省。

正心、持志而纯一于善，其意有两层，一层立志，即心有所立、有所主宰，船山说"志是大纲趣向底主宰"；第二层是持志定，即"纯一"之"一"：志立而专一、坚持不动摇，即"吾心之定则立于不可易"。所以仅立志是不够的，因为有可能动摇，所以还要有"一"的持志定之功夫。

一方面，持志则能专一，从而产生必为之气："志者立心之始事，而气者成能日益之资也。……故人之志，专于有所为而壹矣，则因此而生必为之气，弱者可使之强也。"这也就是持志之功，即是所谓"志气"。另一方面，当志尚未正，志尚未立，则无暇顾及气，而当志已立，即急需以气充体以辅志。否则志虽定而气不盈，则一出而即为物之所挠，这时候必须使"吾气充满于吾体之中"，而"吾气苟足以求胜于天下，临大纷，际大难，而必不慴焉，则志亦因之有定力而不迁"，这就是"气"对于"志"的绝大作用。

船山更为精微之论是将"志"与"气"的辩证关系与"道"与"义"的辩证关系放在一起讨论，提出"志主道而义主气"，他这样解释"道"与"义"的内外关系："天下固有之理谓之道，吾心所以宰制乎天下者谓之义。道自在天地之间，人且合将去，义则正所以合者也。均自人而言之，则现成之理，因事物而著于心者道也；事之至前，其道隐而不可见，乃以吾心之制，裁度以求道之中者义也。"这是说"道"是天下现成之理，"义"则是事情到来时，处理事情的内心之裁断，即是必须发挥人的主观能动性，才能以求中于道，所以人合于道、中于道不是轻易能达到的。"道"与"义"的关系勉强套用现代人的说法就是普遍性与特殊性的关系，而每一事都是具体的、个别的，普遍性正寓于一个个具体的特殊性之中，也就是宋明理学所说的"理一分殊"。

义是处理具体事情时的裁断，不同于"道"之居于静而为体之一，义是散见而日新，故义主气，气不以义动则馁，气从义生。义是日生的，日生则"一事之义只了一事之用"，必须积集，而后"所行之无非义"。气也是日生的，"一段气止担当得一事"，无以继之则又馁。所以要集义以养之，则"义日充而气因以无衰王之间隙"，然后欲成其浩然之气，则无往而不浩然。故浩然之气与立志皆非空言，而是日日遇事裁断的集义而养气，持续无间断、一刻不能放松的"积小以大，由著彻微"的累积功夫。所立、所持之志贯穿于日日之事中，才不是空虚而不落实之志，而浩然之气也才可以"日与天下相接于吉凶生死之途而无所惧矣"。

心、气与志三者之间的辩证关系是："求气者，求之义也；求义之所生之气者，求之心也。心不与义离，义不与心离，而心即不与气离。"今天的"志气"、"心气"这两个词正道出了气离不开心（心不立，则心气也就没有），离不开志（没有立志，就没有志气的产生），志即是心之用。

船山言"持志"时，经常将它与"量"、"识"连着说，如谓"志如其量，量如其识"，这句话道出了三者的一体性。"量"为"心量"，有心则有量——"心之所规者有并生并育之弘量"，有志则有量——"志于善则不可量"，"有志者，其量以远"，而持志乃是"纯一于善"，故此心量为"善之量"，"善之量"之充实、涵容、扩展而"周乎远大"，要能"及于天下"，"包涵四海为量"，这也称为"大人之心量"："大人者，守其心之体以充乎心之量。"

心量还有一层涵容即包容之意亦值得注意，此又可析为二：其一则是刚刚述及的包涵天下，以善为量的大人之心量，这可谓是至为积极、主动义，求之在己；其二则涉及到与严以求己的另一面，即宽以恕人，包容天下人事，涵容错综复杂，以及不为一时之是非、得失、利害而或激或随，而能忍受，有从容、弘远，俟而转化于无形。涵容之二义亦可谓其一为刚，其二为柔。两层缺一不可，即是坚持而有涵容。

心量有多大，事就有多大，有包涵天下之量而后才有天下之事，事之成而又能久亦在心量之持。

"志"与"量"配合，还要与"识"相配合。识是识见、见识，不是一般之见识，而是"识其善恶"之识，"择善之识"。"识"也即是致知之"知"："推极吾之知识，欲其所知无不尽也。"也就是知止于至善："于天下之物无不知明而处当，是之谓至善。"船山对于"善"与"至善"的诠释之精义尤值得重视，善是"处焉而宜"，至善是"皆得咸宜"，均强调行为的结果。

善乃贯穿于对志、量、识三者之规定，志是志于善，量是善之量，识是择善之识。而善是"处焉而宜"，志、量、识三者都完全不能脱离行为的结果来考虑。

"志"、"量"、"识"三者合为一体，方为心性之学完整地落实于政治实践，船山说："夫人志如其量，量如其识。君子上溯千古，俯观当代，有所必为，有不屑为，其量大，其识宏也。"

志、量、识三者，船山一方面强调志是首要的，志是方向、主宰，志决定量，量因于志，故"志量"又合称，志也决定了学识，"志定而学乃益"。船山另一面又将"志量识"的顺序逆过来，强调必有其识而后有其量，"惟其识之大，故成乎量之弘"，识、量合称为"识量"。

作为"志"与"识"二者中间的"量"之能大，既因于"志"，亦取决于"识"。若心量之大能以涵容天下为量，以止于至善为量，而非安于一曲、一偏之善，则在识上的要求就不是轻易的，而要求规模不断扩展、不断累积的致知穷理之功夫，要能上溯千古，俯视当代。识决定了量，识是否通，是否弘远，影响到量能不能容而大。假如识是窄的，只见一时利害而无远虑之明，则心量自然不弘远，很容易为利害所动摇而志不能定；又或只是简单一正，以为可以一正正天下万物，则心量也自然窄而不能正物。船山说"研几审理，终其身而无可辍也"，政治家需终身学习而不辍，如此才能持志定，处理万事皆能得宜而合中正之道。

识也影响了志，在道理上真正认识彻底、通透了，对于志的持守就更能坚信不动摇，即"持志定"。"信"既出自人的本然、内在之心性，同时又将此"信"建立于知的基础上，信与知、尊德性与道问学乃合一。如只是有志，而识上不到，没有在理上的通识，单纯的志就可能出现不坚定而动摇。同样不可忽视的是，通过不断的致知穷理，理上认识到了，但事到临头，面临决断时，若志之不至，志临时不自信，有怀疑、犹豫、动摇而不能持，则最终也不能达到决断而处事得宜，即"善"之效果。所以志与识之间充分体现了交互影响、缺一不可的关系。此非空言可及，非得有历练者方能真正体会到志与识之间的互相不可或缺的精妙关系。

前面一开头提到人心自有广大深远之处。船山批评功名之士"迷其本心之术，以局于卑陋，而不规其远大……则有心而失其本心，有术而忘其善术"。船山对于儒家之术与法家、功名之士之术的辨析至为精微而紧要。他强调心本身有无穷之术，"心者术之本"，"心体之宏而心用之大"。由此也区分出自本心之术与功名之士无本之术之卑陋而不能远大。船山这一辨析之冲击力足以让人重新思考儒家以及心性之全体大用，而不是将之割让给法家以及功名之士。

既"有心而失其本心，有术而忘其善术"，则亦有自反，船山曰："反而求之，王之心自足也，心之术自足也。……王之心无不足者，仁也。仁之中所自有之术者，政也。有其心，则必有其术，推之而术生。"政治由规之近小、局于卑陋到规模之远大的转变，在于有自反之心，心影响政治不可谓不大。

宋明理学发展到船山，心性之学才真正能落实于政治实践。同样也可谓以心性、天理来真正有效地解释实际的历史，亦是到船山这里才成功的。船山迟至晚岁才著史，乃是其研几精义，从其对于历史、对于政治人事的解释之分寸感，可见其功夫的精微以及中道，而其采用史论之形式，乃是基于历史不只是事实，而同时是解释，或者说事实与解释是一贯的，而不是二物。船山晚岁著史论《读通鉴论》、《宋论》之总体精神乃契合于孔子晚岁修《春秋》。

两汉、唐、宋、明的开国者，在船山看来，都是"继天立极"者而大有功于生民，他论析唐、宋之得天下乃是完全源于"心"。船山将北宋之兴与之前商、周帝王之受命以德，汉、唐以功作比较，宋既无积累之仁，又无拨乱之绩，宋太祖较之同样篡权的曹操之扫黄巾、诛董卓，刘裕之俘后秦姚泓、诛乱臣桓玄，不及百分之一，但考察他受"如狂之乱卒"推拥而弋获天下大位之后，"降德于民以靖祸乱"之行事，诸如"兵不血刃而三方夷，刑不姑试而悍将服，无旧学之甘盘而文教兴，染掠杀之余风而宽仁布"，则"固宜为天下之君"。船山认为宋之君天下，都是"天所旦夕陟降于宋祖之心而启迪之"，船山形象地描述上天对于太祖之启迪如披云见日："启之、牖之、鼓之、舞之，俾其耳目心思之牖，如披云雾而见青霄者，孰为为之邪？非殷勤佑启于形声之表者，日勤上帝之提撕，而遽能然邪！佑之者，天也；承其佑者，人也。于天之佑，可以见天心；于人之承，可以知天德矣。"

天所降于太祖之心是什么呢？是"惧"。宋太祖能最终一统天下，并在传世百年时达到世人所称的盛治，原因也正在于"惧"，在于"太祖之心为之也"。船山剖析太祖之惧：太祖"权不重，故不敢以兵威劫远人；望不隆，故不敢以诛夷待勋旧；学不夙，故不敢以智慧轻儒素；恩不洽，故不敢以苛法督吏民"。惧之效果则是："惧以生慎，慎以生俭，俭以生慈，慈以生和，和以生文。"从而自唐光启以来，百年嚣陵噬搏之气，"浸衰浸微，以消释于无形"。

太祖虽无赫赫之功而能不自废，无积累之仁而能不自暴，所以他"承天之佑，战战栗栗，持志于中，而不自溢"，故其宜为天下之君就是必然的了。

船山进而更精微地指出太祖为政"抑未尝汲汲然求利以兴、求病以去，贸愚氓之愉快于一朝，以不恤其久远"，太祖之心乃"无机也，无袭也"，他视乎力之可行者，从容利导，而"不尸自尧自舜之名，以矜其美，而刻责于人"。太祖之治最终的成效是："天下丝纷之情，优游而就绪；瓦解之势，渐次以即安"，其治庶几达到孔子所说"善人为邦百年，可以胜残去杀"。船山认为这没有别的原因，就是太祖之有善，"皆因心者也"。心之效则是："惟心之绪，引之而愈长；惟心之忧，出之而不妄。"原因是"心之所居者本无纷歧，而行之自简也"。

四、理、势与时、几

政治之为政治，其保证在于心性之学，有此内在之大本大源，然后发而向外应世、通变才能得乎时中之道，使天下事事之处理皆得其宜（即达到善），应世也就离不开心对于外在事物的理、势与时、几的把握。这是第三章之内容："理势合一与察几趣时"。

王船山在解释其《读通鉴论》的书名时，强调读史需要明"道"而"通变"、"肆应而不穷"，这就要有对"几"、"势"之把握，即明"道"，明大义的立本、立体的同时，需要"察几"、"研几"，察微言的由体而起用的功夫，二者乃是相辅相成。船山在《周易内传》中提醒虽已明道但应物却失几之害："学之已明，守之已至，到临几应物上一失其几，则虽期许无惭，而俯仰天人，已不能自免于耻。"因此强调"研几审理，终其身而无可辍也"，这即是船山对于士君子终身学习的理解，同时也是对政治家的要求。

"道"与"几"的关系，即是"理"（天理）与"势"（时势）的关系。常人只见纷乱繁多的历史事实而理不出头绪；自视聪明的功利主义者只见"势"、见"力"却不见理、不信理；宋明理学家试图以"天理"来解释历史，但只以夏商周三代为理想之时代，为天理之显现，而视三代以下的汉、唐事功无足观，鄙之为"天地亦是架陋过时，人心亦是牵补度日"，其高悬的天理不免流于绝对理想主义的过高之论。船山所主张的理势合一论超出三者之上，理与势完全打成一片。在历史是天理的展开上，他与朱熹等理学家大方向上是一致的，而区别于功利主义者只见势。与朱熹所不同的是，船山所理解的天理是具体、活动、变化的；天理在历史中的展开方式也不是简单的直线展开，不是现成可见的，而是曲折地展开。在理学家不以为有天理的三代以下的历史，甚至极乱之世，船山细细地辨析出天理。对于这一"曲折"性的精微辨析，正是船山史论超越前贤之高明、精到处。

东汉光武帝、唐高祖、宋太祖这几位开国皇帝都被船山视为"继天立极"，天理、人心的体现。船山更精微地分析天理在唐末五代十国这样的乱世依然存续。唐末淮南节度使、南吴创始者杨行密及其手下、南唐奠基者徐温即为例证，二人在宋明儒生心目中乃是不足道之跳梁小丑。

当徐温大破吴越国之钱镠时，其义子徐知诰请求乘胜东取苏州，徐温却念及战乱久而民困，因着钱镠之惧，而戢兵息民，使两地各安其业，并由此说道："岂不乐哉！"船山誉之为"蔼然仁者之言"。自唐末黄巢攻陷长安之广明丧乱以来，能念此者有谁呢？不得不说徐温以一介武夫却能做到。徐温能这样做到，乃是继杨行密而来，船山就此有精彩的论述。

船山首先指出，不忍人之死，本是人同此心，而习气却能夺之。唐末朱温、高骈之流以杀人为乐，百姓也就群起而相为流转，以相杀为乐而成习气。但习气乃是无根的，如有一人，一念之明，一言之中，一事之顺，幸而有其成效，则"相因以动，而恻隐羞恶之天良复伸于天下，随其力之大小、心之醇疵，以为其感动之远近，苟被其泽，无不见功于当时，延及于数世"，杨行密就是这样的例子。

杨行密之时，朱温、高骈等以杀人为乐。杨行密由卒伍起家，也是通过力战而占有江、淮。他忽然退而自念，作固本保邦之谋划，虽屡胜朱温，却转而划地自全，而不急与朱温这样的虎狼争食。于是江、淮之寡妻弱子"幸保其腰领，以授之徐温"。徐温由此而知保全民众之为利，而"歆动以生其不忍昧之心"。从此以后江、淮之谋臣战士，不再以杀人流血为利，知迷而返。故而抚有江、淮，到李煜之时几乎成为乐土。徐温所说的"乐"，人人都明白而保其乐，徐温几乎称得上是仁者，从根源上说都是杨行密"息浮情、敛狂气于习气炽然之中所培植而生起者也"，所以杨行密为功于乱世也大。而徐温有如此之言，因此而留东南千里之生命于二十余年，"虽一隅也，其所施及者广矣！"

船山的结论充满对于天理、人心之信心，他指出极乱之世，"独立以导天下于恻隐羞恶之中，勿忧其孤也，将有继起而成之者"。故杨行密之后，必有徐温，"此天地之心也，不可息焉者也"。对于历史、人心的信心之支撑乃是为学、为政者不可或缺的。

在唐末五代这样的极乱之世中，船山依然能窥察出天理，此更有进者，他还分析北宋兴起之端乃由作为乱世的五代末所开启，是所谓"察几"。

后汉重臣杨邠、史弘肇在议政时公然训斥其君刘承祐，而说"有臣等在"，禁止其开口，完全无视君主权威，结果李业、郭允明引导二十岁的刘承祐诛杀了杨邠、史弘肇，但刘氏不到一个月内也被大将郭威所灭而迅速亡国。

刘氏继位不久，人心未固，主势不张，而轻用不测之威，剪除推戴之臣，可谓不自量力。对于手握重兵的郭威则马上就想以一纸诏书诛杀之，把国事当作儿戏，更是愚不可及。常人对此事的分析也就止于此，而船山则能从"几"、"势"的高度"浚而求之"：认为杨邠等就诛，所谓推戴功臣始知人主自有其魁柄，人主不用战争，就可以如除门前之草一样除权奸，唐末以来强臣篡位相沿成习之风气得以转移，天下"始有可安之势"。有杨邠等之就诛，而后有后周樊爱能等遇敌望风而逃的大将受戮而"众心允服"；有樊爱能之正法立威，而后北宋开国石守信等大将以释兵权保禄位为幸，两宋于是有三百年的安宁。故诛杀杨邠等之举乃是"天下渐宁之始"，而刘承祐之死生，后汉之国之存亡，则不足论。船山甚至认为李业、郭允明之自不量力而亟杀权臣，或许是"天牖之以靖百年飞扬盘踞之恶习"。

由上述史论可见，王船山不离势而言理、天理与事势完全打成一片。言理势，也就是说"理之势"。

"理"与"势"之间还有"时"、"几"："势因乎时，理因乎势"；"天下之不可易者，理也；因乎时而为一动一静之势者，几也"。

"几"是对时机的分寸把握，但"几"又区别于所谓机权，因为"几"乃是有"理"在其中。可以说，"几"是"理"与"势"之间至关紧要的中间环节，孔子说"知几其神乎"，《周易·系辞》说"君子见几而作，不俟终日"，又所谓"审几度势"，"几"乃是"理"还未成"势"之前极隐微之消长变化之先兆，"见几"、"审几"乃是对此变化之际的先见之明。

　　由于"理"在历史中的展开而成"势"不是直线式的，这就意味着对于"几"的把握，需要主观能动性，否则"理"无以成势、无以伸展。"几"意味着对于时位的判断。船山说"时者，圣人所不能违"，"知时者，可与谋国"，而《周易》之教，强调立本，也强调须"趣时"："趣之为义精矣，有进而趣，时未往而先倦，非趣也；有退而趣，时已过而犹劳，非趣也。"

　　船山强调"趣时"，强调"审几"、"研几"，又与船山对于历史的读法问题紧密相关，船山要求读史者完全把自己放在历史情境之中，通过把握历史中一时一事的具体细节而审察时位，极深研几而精义，而不是大纲、要点式的，如此将历史中习得的智慧用之于复杂万变的政治实践，达到"运用之妙，存乎一心"的效果。船山充分把握了政治首先是一种实践活动，是随时要对于形势、时机作出精微的判断，从而作决断，作出合分寸、合中道的行为选择，即"见几而作"。而政治经验、智慧的习得、累积乃在世代相承的政治传统中，这一政治传统通过历史而传习，所以政治知识作为不同于一般知识的实践性知识的研究，首先应是一种历史研究，政治能力的养成在读史、善读史。

　　船山强调以史"资治"、"以心驾政"，要求读史者设身处地，将自己摆放进具体的历史情境里："设身于古之时势，为己之所躬逢；研虑于古之谋为，为己之所身任。取古人宗社之安危，而己之去危以即安者在矣。得可资，失亦可资；同可资，异亦可资也。故治之所资，惟在一心，而史特其鉴也。"这即是说个人读史时要发挥最大的主观能动性，读史、论史不是现成的照读、照抄，而是要变通，运用之妙存乎一心的活学活用的功夫，所立之"论"也不是一成不变，更非"终古不易"。所以读史不是容易的，更不是把玩，而是另一种意义上的心性锻炼。这就是船山将读史以及论史所上升到的高度——与对于读史者的内在精神品质以及相应的应变能力的提升。

船山史论辨析曲折而精微，故不多录其文字则无以见之。同时，船山所殷殷期望后世读其史论者乃是能反求诸己，体之于自己之学行，如船山所谓不行不知，行中之知才是真知，其精微辨析处对于志于为"大人"、做大事者当会有会心处，故船山史论之字字句句不可轻易滑过去。

五、大臣之道绾合心性之学与理势合一观为一

以上三章分别论述了船山在其经解、史论中所诠释的大臣之道、心性之学与理势合一观，大臣之道乃是合心性之学与理势合一观为一。船山所提出的合心性之学与理势合一观为一体的"大臣之道"，当然不是他的纯个人发现，而是作为中国传统之核心的儒家及其经史之学所固有的，用一句话概括就是"内圣外王之道"。

船山所解释的合心性之学与理势合一观为一体的"大臣之道"，能否在今天成为政治哲学的原理性的高度？心性，在心上下工夫，理势合一，见几趣时，政治的最精微处，这一谈论政治的方式在现代政治中已罕见了，这恰恰暴露出现代谈论政治的方式反而是简单而粗暴的，缺少传统的细致耐心。重新回到这一方式，才有可能审视现代政治中根本的缺失。在建基于对中国历史、经学的研究的前提之下，需要超越纯粹的历史主义，而从经学、史学中提升出政治的原则，建立中国的经学政治学、史学政治学。建立中国的经学政治学、史学政治学，这既是学术本身的要求，亦是贞固中国道路、中国政治道路所不可或缺的。

最近有报道说，北京市中高级官员培训在选择大学专门为其开设的培训课程时，由对于一般的国学的兴趣而转向对于史学，尤其

是以史资治之兴趣。这显示出作为中国史学之核心的政治史之为实践性学问的特点，以及官员们对于延续的中国历史的政治经验所开始具有的习得意识。只是官员们还只是在用，更确切地说是在"实用"，而非"体"的层面把握史学。他们未必明言的心中之"体"以及政治正当性，多为并不能有效解释当代中国政治实践（即"用"）的西方政治学。于是我们看到的是中国政治理论与实践，即"体"、"用"被打成两截。此"体"是与中国实际政治无关的虚体、他人之体，但它（以及"正当性"问题）却虚悬在上，使得原本具有政治正当性的中国政治一直处于缺乏所谓"正当性"的自我意识危机中。而"用"若不能上升到"体"的高度，也只是较低的、补充性的实用层次，则终不能给官员们提供理直气壮之自信心，如此则永远无法贞固中国的政治道路。故将船山所诠释的合心性之学、理势合一为一的"大臣之道"上升到政治学原理的高度，这正是提出并建立"史学政治学"以及"经学政治学"之紧要性所在。

六、"广船山于天下，以新天下"：
王船山之学及其对曾国藩、毛泽东等人的影响

最后对船山其人、其学及其对晚清以来的重大影响作一简单介绍。王船山，名夫之，字而农，湖南衡阳人。晚年居于湘西石船山，学者称船山先生。他生于万历四十七年（1619），卒于康熙三十一年（1692）。明亡后，他举兵衡山抗清，战败，投赴南明永历王朝，任行人司行人介子，时年三十二岁。他参劾权奸差点遇害，顺治八年（1651）归湘，决计遁隐，日后自述孤臣孽子此去后，终生不能再见其君的不可释之隐痛："余一意事主，不随众狂，而孤立无援，如彼何也……既三谏不听，谏道穷矣！乃以病乞身，遂离行阙，而心念此

去，终天无见吾君之日，离魂不续，自此始也。"

为躲避清军，船山四处逃亡，藏匿于湘西深山中，终身不出，沉潜著述。他"贫无书籍纸笔"，多借故旧门生的旧账簿之类写作，"书成因以授之"，所以有些著作就散失了。船山经历了大明亡于外族这一"天崩地解"的历史大变局，其操心亦苦，反思明亡之教训，进而往上通贯地省察秦朝至宋朝两千多年的政治史，这即是其去世前一年定稿的史论《读通鉴论》、《宋论》。此乃以学术来完成其一生全然发自内在的尽忠之天职，他说："唯我为子故尽孝，唯我为臣故尽忠，忠孝非以奉君亲，而但自践其身心之则。"迟至晚岁著政治史论，则是析论政治史需研几精义的精微功夫，而非仅通大义而已。船山言："夫读书将以何为哉？辨其大义，以立修己治人之体也；察其微言，以善精义入神之用也。"船山史论之依据则为经学之大义微言，船山自述"六经责我开生面"，故船山遍解群经，以经之体发而为史之用，以史之用显经之体。船山之学为中国固有之经史之学也。其经解最重要者有《周易内传》、《周易外传》、《读四书大全说》、《尚书引义》、《礼记章句》、《诗广传》、《春秋家说》等。

船山不与外通声息，他的思想当时没有像同时代的黄宗羲、顾炎武一样发生影响而湮没无闻。其影响要迟至一百多年后晚清湘军兴起，曾国藩兄弟在金陵刊刻《船山遗书》，使得船山学先在湖南产生广泛影响，进而扩散到全国。

曾国藩，被梁启超誉为"有史以来不一二睹之大人"，亦为青年毛泽东唯一佩服的近世之人，以之为"办事而兼传教"之人。曾国藩在平太平军、捻军战事最激烈时，晚上还坚持读船山之诸经解以及《读通鉴论》等著作，以之为"尽性知命"之学而俟命，并修己而治人、治军理政。

郭嵩焘，光绪初署礼部左侍郎，又为出使英法大臣。他高度评价

《读通鉴论》"尽古今之变，达人事之宜，通德类情，易简以知险阻，指论明确，粹然一出于正，使后人无复可以置议"，认为"读船山《读通鉴论》，历代史论可以废"。其日记亦证船山学之为修己做事之学，同治元年四月廿一日日记记船山关于实有忍、实有容而能出入险阻之论，乃道出其两年来之阅历："'必有忍，其乃有济。有容，德乃大。有者，实有之，而非老氏欲张固翕、欲取固与之谓也。君子所以贞天下之变，利害名实皆无与于其心。不足于物，有余于己，不足于身，有余于心，乃以出入乎险阻，而自蓄其德。'读船山之论，两年阅历，曲尽形容，使此心为之爽然。"

维新派谭嗣同谓"五百年来学者，真能通天人之故者，船山一人而已"，自誓要"专主船山遗书"，续"王子之学"之绪脉。梁启超则预言"船山之复活，只怕还在今日以后"。

刘人熙（1844-1919），清末任江西大学堂总教习、广西课吏馆馆长等职。民国五年一度代理湖南省长兼督军。他在宣统元年日记中说："方今朝野周行，无真正豪杰，前途正未可知。亦冀传播船山学说，为兴起中国之种子。所可为者，如斯而已。"这即体现于民国三年他在长沙创建船山学社，第二年创刊《船山学报》。《船山学报》发刊词《船山学报叙意》谓："《船山学报》何为而作也？忧中华民国而作也。……船山之学，通天人，一事理，而独来独往之精神，足以廉顽而立懦，是圣门之狂狷、洙泗之津梁也。独立之国，不可无独立之教育；独立之教育，不可无独立之学术；独立之学术，不可无独立之精神。不佞湘产也，在湘言湘，愿与湘人昌明正学，以新吾湘；又民国之一分子也，愿广船山于天下，以新天下。"诚所谓中国传统之守先待后，儒者无不可为，为所能为，通过培养弟子而安后世天下。

杨昌济为毛泽东青年时在湖南一师的老师，他自觉地以王船山的《读通鉴论》、《宋论》来培养平天下的国士，以为得到两个这样的人才——毛泽东与蔡和森。他在日记中记录给学生所拟的修身问题甚多出自船山,如:"王船山重个人之独立,能举其说与? 王船山论项羽、李存勖,能言之与? "后一题目是船山在《读通鉴论》中通过论项羽不能持败,李存勖不能持胜,而强调心量之重要。

毛泽东当年的上课笔记《讲堂录》记录船山之语:"王船山云:'有豪杰而不圣贤者,未有圣贤而不豪杰者也。'圣贤,德业俱全者;豪杰,歉于品德,而有大功大名者。拿(指拿破仑)翁,豪杰也,而非圣贤。"青年毛泽东如其师一样仰慕船山之学,进一步将豪杰与圣贤二者之别明确解释为豪杰立有大功大名而却在品德即内圣上有欠缺,圣贤则是品德与功业二者俱足,即是内圣而外王,可见毛泽东在青年时就以船山最重之圣贤精神即内圣外王之道自期。

毛泽东在湖南一师,常在周日去船山学社听讲船山学。以后来的历史观之,前述船山学堂创办者刘人熙日记所说"方今朝野周行,无真正豪杰,前途正未可知。亦冀传播船山学说,为兴起中国之种子"之语的非虚言,学、道统方是政治、治统之大本大源。

第一章

大臣之道

——王船山史论、经解对政治实践之思考

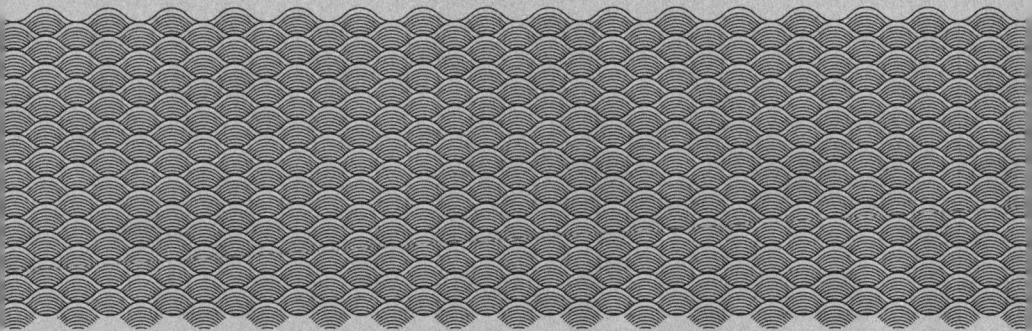

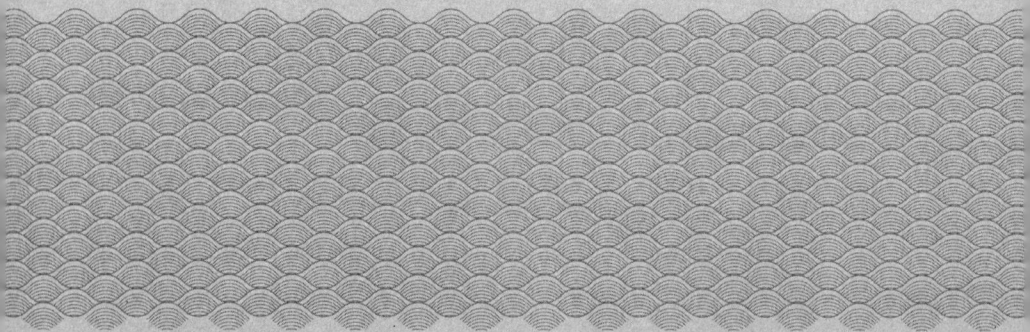

中国古代政治的结构由君、臣、民所构成。作为最高权力的唯一的君，其一言一行自然是一人而可影响天下。明末清初王船山高度评价东汉光武帝、唐高祖、宋太祖、明太祖等开国之君之得天下，并论"君心之敬肆"为治道之枢机[1]。而作为君与民之间的臣，即士大夫群体，是政治的实际操作者，大臣更在其中起关键性的作用。船山指出："国必有所恃以立，大臣者，所恃也。"[2]"无人者，无大臣也。"[3]士由学而仕，可达及大臣。"社稷之臣"、"大臣"以及"大臣之道"成为船山史论中，同时也是其经解中极为关键的提法。他在具体的历史中严格辨析"允为大臣"者，"不足为社稷臣"者，与未得"大臣之道"者。平常人们普遍认为的名臣，包括《资治通鉴》在内所推重的名臣，往往并不被船山所认同。例如船山认为西汉以经术著称的萧望之，唐李绛、裴度，甚至北宋以天下为己任的范仲淹、司马光都

1. 王夫之《读通鉴论》，中华书局1998年版，第954页。
2.《读通鉴论》，第626页。
3. 王夫之《宋论》，《船山全书》（第11册），岳麓书社1996年版，第173页。

不足为大臣，而辨其不尽然之实。他所认为的"允为大臣"者在历史上并不多见，仅有如西汉丙吉、东汉末之傅燮、三国吴之顾雍、东晋郗鉴、唐狄仁杰、北宋李沆、明刘健等。船山一再感叹"大臣之不易任"[1]，正是"社稷之臣"、"大臣"这一船山至为关键性的提法乃其独特阐释，以及这一提法在不同历史情境中的落实，提供了进入到船山对中国政治省察的核心处的可能。由于"大臣"任天下之重，大臣之品格则需要极高的要求，这即是船山所提出的"大臣之道"。

在讨论船山的"大臣之道"之前，先讨论他对与"大臣"相对的其他几类士人、臣子的批评，以见士人在政治上种种易犯之过失，从而在儒家所要求的政治成熟、政治能力方面对士大夫群体作出自我反省。同时也在比较中见"大臣"之不易为，见"大臣"之难得，阐明政治所需要的至高的实践的智慧，这也是船山所强调的"士"的自我要求。

船山早年三十八岁所作《黄书》，后期六十四岁所作《噩梦》，是从制度层面全面反省明亡的经验教训，而到他临终前七十三岁所完成的《读通鉴论》、《宋论》则由制度而更多转向到对具体制度背后的精意、创设制度之用心、身处制度中的人、运用制度的人的关注，"运用之妙，存乎一心"成为政治的极则，他在《读通鉴论》"叙论"中诠释司马光命名《资治通鉴》之"资治"之深旨，谓"然则治之所资者，一心而已矣。以心驭政，则凡政皆可以宜民，莫匪治之资；而善取资者，变通以成乎可久。"[2]思考实际的政治操作所需要的品格、能力由此变得至关重要。船山本人也由激进而转到持重。

以史"资治"、"以心驭政"要求读史者设身处地，将自己摆放

1.《宋论》，《船山全书》（第11册），第90页。
2.《读通鉴论》，第955—956页。

进具体的历史情境里，船山在紧接着上段话之后谓："设身于古之时势，为己之所躬逢；研虑于古之谋为，为己之所身任。取古人宗社之安危代为之忧患，而己之去危以即安者在矣。得可资，失亦可资；同可资，异亦可资也。故治之所资，惟在一心，而史特其鉴也。"[1]他在康熙二十九年七十二岁写定的《俟解》[2]一书中有更为生动的叙述，他提出，设想自己生于三代，生于汉唐宋之盛，生于秦、隋，生于南北朝、五代之分裂，生于夷狄统治之辽、金、元这些"升降污隆治乱"不同时势的朝代，处于不同时位、不同遭际，如何能做到历乎无穷之险阻而皆不丧其所依、所持守：

庄生云："参万岁而一成纯。"言万岁，亦荒远矣，虽圣人有所不知，而何以参之？乃数千年以内，见闻可及者，天运之变，物理之不齐，升降污隆治乱之数，质文风尚之殊，自当参其变而知其常，以立一成纯之局而酌所以自处者，历乎无穷之险阻而皆不丧其所依，则不为世所颠倒而可与立矣。使我而生乎三代，将何如？使我而生乎汉、唐、宋之盛，将何如？使我而生乎秦、隋，将何如？使我而生乎南北朝、五代，将何如？使我而生乎契丹、金、元之世，将何如？则我生乎今日而将何如？岂在彼在此遂可沉与俱沉、浮与俱浮邪？参之而成纯之一审矣。极吾一生数十年之内，使我而为王侯卿相，将何如？使我而饥寒不能免，将何如？使我而蹈乎刀锯鼎镬之下，将何如？使我而名满天下，功盖当世，将何如？使我而槁项黄馘，没没以死于绳枢瓮牖之中，将何如？使我不荣不辱，终天年于闾巷田畴，将何如？岂如此如彼，遂可骄、可移、可屈邪？参

1．《读通鉴论》，第956页。
2．王船山在《俟解》"题词"中说明此书乃是俟有志者解而践行之，见《俟解题词》，《船山全书》（第12册），第475页。

之而成纯之一又审矣。[1]

对于大臣以及大臣之道的讨论，首先将以船山的史论《读通鉴论》、《宋论》为中心。他在《读通鉴论·叙论》中解释了为何用史论的形式，他说："引而伸之，是以有论；浚而求之，是以有论；博而证之，是以有论；协而一之，是以有论；心得而可以资人之通，是以有论。"[2]船山史论辨析曲折而精微，故不多录其文字则无以见之。同时，船山所殷殷期望后世读其史论者乃是能返求诸己，体之于自己之学行，如船山所谓不行不知，行中之知才是真知，其精微辨析处对于志于为"大人"、做大事者当会有会心处，故船山史论之字字句句不可轻易滑过去。

在从史论的角度讨论完之后，接下来也从船山的经解的角度来讨论大臣、"大臣之道"在船山经解中的贯通。之所以选择船山学中的经学、史论来讨论大臣与大臣之道，乃是基于中国政治传统的构成，主要是由经、史之学共同承担的，经为史提供理据，而经本身也是史，只不过是最早的三代之史，由于三代作为中国文明的大本大源的特殊重要的地位，三代之史所提升的理据则成为后世之根本原理。而经学史本身即是史，是解经者将其所在时代的经验贯注于经解中，形成与经典中的古代智慧的对话。三代之后的史学既从经学那里获取思想资源，本身也在不断地提供新的"道"、新的理据。船山个人学问的规模以及特质恰恰承接这点，他尤其能使经解与史论互相贯通而融为一体，这背后乃是理、势之合一，乃是真正能将宋明理学之"天理"落实于具体的政治实践，并完全通贯地以天理来对三代以下历史作出有效解释。就后者而言，即是对宋明理学高悬天理而认为三代以下无天理之说的克服，而船山则是在混乱不堪

1.《俟解》，《船山全书》（第12册），第485—486页。
2.《读通鉴论》，第956页。

的五代也能发现天理之潜藏。

一、士大夫政治的不成熟:《读通鉴论》、《宋论》对历史上各种士人、臣子的辨析与批评

船山在《读通鉴论》、《宋论》中对历史上各种士人、臣子的辨析与批评,以士大夫的政治成熟度、政治能力为标准,可析为:逃避政治的清高之士,不考虑政治后果的直谏之臣、妄人、意气之士、躁人,急于求成以至不择手段的功名之士、刻核之吏、矫诡之士、游士,政治能力不足的疏庸之士、鄙陋之臣等。

(一)逃避政治而致"有君无臣"、"国中无人":清孤之士

士人中颇多清高之辈,以不为国用为尚,船山批评其甘愿坐失可为之机,更导致国中无人之大害。他感叹"惜天下之不治者,曰有君无臣",其涵义是:"诚有不世出之君矣,岂患无臣哉! 所谓有君者,君在中材以上,可与为善,而庸谞之臣,无能成其美而遏其恶也。"船山认为汉顺帝与其臣子就是如此。汉顺帝"非不智"、"非不仁"、"非不断"、"非不明",当时若真有能臣的话,则汉朝是有可能重新振起的,但当时在位之人才如桓焉、朱宠、朱伥之流,皆"衰病瓦全,无生人之气,涂饰小康,自寡其过,不能取百年治乱之大端谨持其几。而左雄、虞诩因事纳忠之小器,遂为当时之杰"。结果"帝德不终,而汉衰不复",无臣乃是其中的深层原因。

造成无臣的原因,船山分析有二:"摧之,激之,成于女谒、宦竖、佥人之持权者则一也。"受摧折而不克振者,"仰虽忧国,俯抑恤己,清谨自持,苟祈免于清议,天下方倚之为重,而不知其不足有为

也，则桓焉、朱伥之流是矣。"船山在此对于受摧折士人表面忧国，实质未必自知的自私心理及其不足有为之洞悉值得我们深思，并返之于己以及周遭、时代。其激焉而为已甚者，又有二：一种是"愤嫉积于中，而抑采草野怨讟之声以求快于愚贱，事本易而难之，祸未至大而张之，有闻则起，有言必诤，授中主以沽直之讥，而小人反挟大体以相难"，李固、陈球之徒属于此。船山所言"事本易而难之"，揭示士人最易犯之过。另一种则是清孤之士，他们"伤宿蠹之未消，耻新猷之未展，谓中主必不可与有为，季世必不可以复挽，傲岸物表，清孤自奖，而坐失可为之机"，黄宪、徐稺、陈寔、袁闳之徒属于此。

"激而争者"，在船山看来是"详于小而略于大，怒湍之水，不可以行巨舟"。激而去者，则"决于弃世而忍于忧天，环堵之光，不可以照广野"。他认为这些人皆非不可康济之才，而不终其用。此乃由来已久，而非一朝一夕之故。他惋惜虽有可与为善之君，而终无与弘奖而利成之。[1]

"有君无臣"，是船山提出的一个重要问题。士人容易严于求君、责君而流于严苛，如此则一方面高悬一明君之标准，非明君则不为，而后果是，在这些士人眼中实质上的明君几乎不存在，因为他们或是无意识，或是有意识地借口无明君，而"谓中主必不可与有为"。另一方面则是对于己、对于士自身之放松，缺乏自省，反而"傲岸物表"。船山提出"有君无臣"这一问题的意义在于转换了提问的方式，将士人求诸人，即一味严于求君而结果是无君，转为求诸己，即责臣，也即是士之自责。

船山感叹"中主"无臣以"成其美而遏其恶"，这背后亦有对明末崇祯皇帝之扼腕叹息；而现代学术对于士大夫政治之研究，由于

1.《读通鉴论》，第199—200页。

浸染于西方民主神话，更是处处质疑明君之存在，即使是好不容易找出的明君还是视之为君主专制，需要臣之制约、批判。今日之知识分子——现代新的士阶层——之政治议论也多是责国家，缺乏对其自身之自责，反而自恋、自闭、自大。

唐宣宗之世亦国中无人，而国无可用之人则必亡。船山指出，国之无人，不只是其君不欲用之，也是欲用之而固无人。铮铮表现者，不是迂不适用，就是小有才而不足任大，如此不得谓之有人，船山的批评可以打掉士人盲目之自大。当时并非天地吝于生才以亡人之国，秉道行义、德足以回天者，间世而一出，自然不能指望其一定有，可是"贤智之士，宅心无邪，而乐为君用，则亦足以匡乱救亡，功成事定，而可卓然为命世之英，此则存乎风尚之所移耳"。所以国之无人，在船山看来，"惟贤智之士不为国用，恬然退处以为高，以倡天下，置君父于罔恤，于是乎国乃终以无人"。

船山进一步分析一二贤智之士不为国用，何以能至国中无人之原因："夫一二贤智之士不为国用，而无损于当世，似未足以空人之国，使忘君父也。乃唯贤智之士，立身无瑕，为谋多藏，天下且属望之，而以不为国用为道，其究也，置其身于是非休咎之外，天下具服其卓识，而推以为高；于是知有其身以求免于履凶蹈危者，皆慕其风，以为藏身之固，则宗社安危生死一付之迂愚巧黠之人；而自好者智止于自全，贤止于不辱，志不广，学不博，气不昌，乃使数十年内，尽士类皆成乎痿痹泮涣之习；自非怀禄徼幸、依附乱贼而不惭者，皆不可与有言、不可与有为之人也。于是乎天下果于无人。而狐狸昼嗥，沐猴衣锦，尚谁与治之哉？"船山在对于所谓自好者的批评的同时亦显示了士所当自期——志广、学博而气昌，反之无"志"则无心气。

船山以上史论乃是基于唐宣宗时韦澳对其甥之语这一史事：

"宣宗之世，上方津津然自以为治也。而韦澳谓其甥柳玭曰：'尔知时事浸不佳乎？皆吾曹贪名位所致耳。'是其为言，夫非贤智者之言乎？于是上欲以澳判户部，且将相之，而浩然乞出镇以引去。盖澳之不为唐用，非一日矣。周墀入相，问以所可为，则曰：'愿相公无权。'宣宗屏人语以将除宦官，则曰：'外廷不可与谋。'其视国家之治乱，如越人之肥瘠，而以自保其身者，始终一术也。"[1]

船山史论有一特点，即从不为执一之论。不同于在汉顺帝的问题上，他批评"有君无臣"；在唐宣宗的问题上，他除了坚持其对于士的批评外，亦批评君，格君心之非，即宣宗之苛刻带来天下人心之瓦解，他说："宣宗之世，唐事犹可为也，而何以人心之遽尔也。宣宗甫践阼，而功著封疆、谋匡宫府之李文饶，贬死于万里之外；其所进而与图政者，又于一言一笑一衣一履之间，苛责其应违；士即忘身以殉国，亦何乐乎受不令之名以裖辱哉？人君一念之烦苛，而四海之心瓦解，则求如李长源、陆敬舆履艰危、受谗谤以自靖者，必不可得。非唯不得，贤智之士，固且以为戒也，不亡何待焉！"[2]

（二）不考虑政治后果者：直谏之臣、意气之士、妄人、躁人

1.直谏之臣

士人、百姓最喜欢对敢于直言批评君主的直谏之臣大加颂扬，现代之学术研究与政治议论更是如此，船山则指出"得直谏之士易，得忧国之臣难！"他解释为何直谏君主之过失容易："识所不及，诚所不逮，无死卫社稷之心，不足与于忧国之任矣。若夫直谏者，主德之失，章章见矣。古之为言也，仁慈恭俭之得，奢纵苛暴之失，亦章章见矣。习古之说而以证今之得失，不必深思熟虑，殷忧郁勃，引休

1.《读通鉴论》，第817—818页。
2.《读通鉴论》，第818页。

戚于躬受, 而斟酌以求宁, 亦可奋起有言而直声动天下矣。"

　　三国之魏国虽多直谏之臣, 却无人虑及当时已经深伏的司马懿之祸, 而向魏主曹睿进言。船山分析是魏之士或不知, 知而或不言, 或知之而不深, 言之而不力。但当时司马懿并没有死党, 也没有荣人、杀人之威福, 魏之士却无能尽底蕴以告诉魏主, 船山剖析其中原因, 是这些魏士"心不存乎社稷, 浮沉之识因之不定", 故未能剖心刻骨为曹氏"徘徊四顾", 处处为其着想而求稳固其社稷。船山一再感叹:"直谏之臣易得, 而忧国之臣未易有也!"他将以社稷为忧者譬作是操舟于洪涛巨浸,"脉察其碛岸湴涡之险易, 目不旁瞬而心喻之; 则折旋于数十里之外而避危以就安也, 适其所泊而止。"这并非是舟工之智若神禹, 而是"心壹于是而生死守之尔"[1]。船山以"心"之专一为原则来批评直谏之士。他精微地辨明一心于社稷则能生识; 反之, 心不存, 则识只是浮沉不定之识而已。

　　唐太宗有"未能受谏, 安能谏人"一语, 船山赞扬这是"知本之论"。他分析凡是能极言以谏者, 大抵是其气胜,"自信其是, 而矜物以莫及, 物莫能移者也。其气胜, 则其情浮; 自矜而物莫能移, 则其理窒", 由此则最终不能指望其能影响人主。能自受谏者, 则能虚其心, 广其明。惟明则诚, 诚则最终能打动人, 谏者能如此者甚少。船山指出,"位不可恃, 气不可任, 辩不可倚, 理不可挟", 而"平情好善、坦衷逊志者, 早有以动人主之敬爱, 而消僚友之疾忌"。反之,"婞直予智, 持一理以与当宁争得失", 则很难"不启朋党而坏国是也"[2]。船山批评挟理、任气, 而主张"平情", 后面要讨论到的唐代郭子仪被船山视为"平情"之典范。

1.《读通鉴论》, 第278—279页。
2.《读通鉴论》, 第598—599页。

2.意气之士

西汉末之鲍宣被船山批评为是气激之士。鲍宣向汉哀帝上奏，言民有七亡七死，陈述汉必亡之危险以儆戒哀帝，因此为后世所称颂。船山说这固然是正本之论，但其言犹有弊病，他认为后世言事之臣，增暗主之疑而授奸臣以倾妒之口实，皆与此有关。鲍宣说："慎选举，大委任，以儆官邪，而免民于死亡。"船山批评其言透露出天子不能掌握用人之权（今日对中国传统政治的研究则多是所谓批判皇权，强调所谓君、臣共治），如此则"偪上有嫌，而朋党之谤兴"。更何况鲍宣所称道者亦未见有大臣之操，甚至孔光为巨奸而许之于清流，实可谓失言。船山批评鲍宣进言者不知其道，为"一时气激之士"，而不足以胜任匡主庇民之重任[1]。

船山以同样的理由批评东汉蔡邕为"意气之士"，其始而以危言召祸，终而以党贼逢诛，都是一往之意气之为[2]，自私而不负责任、不计后果。

3.妄人

高扬尧、舜以人对宋神宗之言的王安石，被船山批评为是"妄人"。王安石之入对，首先以大言震神宗。神宗问："唐太宗何如？"王安石则对道："陛下当法尧、舜，何以太宗为哉？"又说："陛下诚能为尧、舜，则必有皋、夔、稷、契，彼魏征、诸葛亮者，何足道哉？"船山批评王安石之言是"言有大而无实"，而"无实者，不祥之言也"。而"明主"知之，"知其拓落而以是相震，则一闻其说，而屏退之唯恐不速"。

1.《读通鉴论》，第112—113页。
2.《读通鉴论》，第221页。

　　船山批评王安石扬尧舜为言大而无实、无实则不祥,可谓知言、知人,亦揭示出放言高论看似理想主义政治,实质是政治不成熟甚至大害。古今一体,此辈今日亦不绝如缕,只是其大言虽有类乎安石者,但更多则有来自西方现代者(这是古今之别),但国家对其大言会有"不祥之言"之自觉批判意识吗? 又敢屏退他们吗? 反而是迎之而犹恐不及,其结果是不误人、误国而不止。同样可忧虑者是为政者之大言无实,以图百姓之美誉、历史上留名。

　　由王安石之言,"望而知其为妄人",船山以为这并不难辨,他辨析道:"使安石以此对扬于尧、舜之廷,则靖言庸违之诛,膺之久矣。抑诚为尧、舜,则安石固气沮舌噤而不敢以此对也。夫使尧、舜而生汉、唐之后邪,则有称孔明治蜀、贞观开唐之政于前者,尧、舜固且捪而进之,以毕其说,不鄙为不足道而遽斥之。何以知其然也? 舜于耕稼陶渔之日,得一善,则沛然从之。岂耕稼陶渔之侣,所言善言,所行善行,能轶太宗、葛、魏之上乎? 大其心以函天下者,不见天下之小;藏于密以察天下者,不见天下之疏。方步而言趋,方趋而言走,方走而言飞;步趋走犹相近也,飞则固非可欲而得者矣。故学者之言学,治者之言治,奉尧、舜以为镇压人心之标的;我察其情,与缁黄之流推高其祖以树宗风者无以异。"船山假设尧、舜生于汉、唐之后,对于有称颂孔明、唐太宗之治者,一定会捪而进之,不会以为不足道,而是乐取其善,能大其心以函天下、藏于密以察天下,则不见天下之小、天下之疏,由此来批驳王安石是刚会走的时候就说飞,奉尧、舜以镇压人主之心,确乎精微。

　　船山将王安石之大言与韩愈之言尧舜一体而论,而施以批评:"韩愈氏之言曰:'尧以是传之舜,舜以是传之禹',相续不断以至于孟子。愈果灼见其所传者何道邪? 抑仅高举之以夸其所从来邪? 愈以俗儒之词章,安石以申、商之名法,无不可曰尧、舜在是,吾甚为言尧言舜者危也。"他甚至将王安石之躐等、无忌惮与商鞅之术联系到一起："（王安石）顾乃取前人经营图度之苦心以拨乱扶危者，而凌躐之，枵然曰：'尧、舜之道至易而无难，且夕致也。'商鞅之以胁秦孝公者，亦尝用此术矣。小人而无忌惮，夫亦何所不可哉？"船山洞悉王安石高扬尧舜，实际是心虚而气骄的隐秘心理："扬尧、舜以震其君，而诱之以易；揭尧、舜以震廷臣，而示之以不可攻。言愈高者志愈下，情愈虚者气愈骄。"[1]

当时以及后世对王安石的批评多集中于其推行新法之操切、一意孤行以及用人不当等，但对其本身高扬尧舜以震其君、震廷臣则完全缺乏批判之自觉，因为这是批评者与安石之通病。船山则将安石之举尧舜与为宋明理学所表彰者的韩愈之"道统"同等视之，后世、今日高举三代、王道、道统种种之大言而沾沾自喜、洋洋自得，还不如当年之安石者，宁无自省乎？

元稹、白居易被世人认为是唐代进士科取士所得之人才，二人见知于当时的大臣裴度，亦为正人君子所嘉奖，却被船山视为"妄人"。船山先对元、白二人所擅长之言作肯定："观其应制之策，与登科以后慷慨陈言，持国是，规君过，述民情，达时变，洋洋乎其为昌言也。而抑引古昔，称先王，无悖于往圣之旨，则推重于有道之士而为世所矜尚，宜矣。推此志也，以登三事，任密勿，匡主而庇民，有余裕焉。"但此二人获大用后，卞躁诐张，"汇引匪人以与君子相持而害中于国"。船山由此指出二人非其言之有过，善观人者，不用等到其败德已经明显，而早已信其然。如何能明其然，船山洞悉了二人之欲望之满足这一点："此数子者，类皆酒肉以溺其志，嬉游以荡其情，服饰玩好书画以丧其守。凡此，非得美官厚利，则不足以厌其所欲。而精

1.《宋论》，《船山全书》（第11册），第42页。

魄既摇, 廉耻遂泯, 方且号于人以为清流之津径, 而轻薄淫泆之士乐依之, 以标榜为名士。"二人既是如此, 而能自树立以为君之心膂、国之桢干、民之荫藉者, 万不得一。船山由此乃谓二人, 不用等到最后, 而知其为"羊膻蚁智之妄人"[1]。

4. 躁人

西汉周勃平诸吕, 迎立文帝, 而有得意之色, 船山认为他并没有有罔上行私之慝, 只是不学无术而忘其骄而已, 而袁盎与周勃有同寅之义, 倘若对周勃加以规正的话, 周勃岂能遽怙而不改, 而他在未对周勃作任何规正之下, 却告文帝曰: "丞相骄, 陛下谦让, 臣主失德。"船山指出, 此言一出而衅忌生, 周勃之祸早伏而不可解, 可谓凶险。船山进而对不识大体、"击于目即腾于口"之"躁人"作出批判:

"乃抑有奸不如盎者, 浅而躁, 褊迫而不知大体, 击于目即腾于口, 贻祸臣主, 追悔而弗及, 非盎类而害与盎等。故人主之宜远躁人, 犹其远奸人也。则亲亲尊贤之道, 其全矣乎!"[2]

汉文帝时, 吴王欲反, 后世皆推崇贾谊、晁错之忧心而日夜筹划, 船山则表彰文帝持之定而能待, 而贾、晁二人不能测文帝其中之所持, 急而不能待, 他就此述析、比较文帝与贾、晁二人之能待与不能待:

> 文帝崩年四十有六, 阅三年而吴王濞反。濞之令曰: "寡人年六十有二。"则其长于文帝也十有三年。当文帝崩, 濞年五十有九, 亦几老矣。诈病不觐, 反形已著, 贾谊、晁错日画策而忧之。文帝岂不知濞之不可销弭哉? 赐以几杖而启衅无端, 更十年而濞即不死, 亦以衰矣。赵、楚、四齐, 庸劣无大志, 濞不先举, 弗能自动。故文帝筹

1.《读通鉴论》, 第 755—757 页。
2.《读通鉴论》, 第 24 页。

之已熟，而持之已定。文帝幸不即崩，坐待七国之瓦解，而折棰以收之。是谊与错之忧，文帝已忧之。而文帝之所持，非谊与错所能测也。

吉凶之消长在天，动静之得失在人。天者人之所可待，而人者天之所必应也。物长而穷则必消，人静而审则可动。故天常有递消递长之机，以平天下之险阻，而恒苦人之不相待。智者知天之消长以为动静，而恒苦于躁者之不测其中之所持。若文帝者，可与知时矣。可与知时，殆乎知天矣。知天者，知天之几也。夫天有贞一之理焉，有相乘之几焉。知天之理者，善动以化物；知天之几者，居静以不伤物，而物亦不能伤之。以理司化者，君子之德也；以几远害者，黄、老之道也；降此无道矣。

船山将人们日常经验中的"静"与"躁"、俟与不能俟之对比上升到政治原理的高度，并提出了政治家如何居静以消弭、化解危机于无形的重大问题，即静而审物长而穷则必消之时机，从而不伤物、善动以化物，平天下之险阻，是谓知时、知几。他据此批评贾、晁二人"恃其一罅之知，物方未动，激之以动。激之以动，而自诧为先觉。动不可止，毒遂中于天下，而流血成渠。国幸存，而害亦憯矣"，他因此强调有一罅之知者，"慎密以俟之，毋轻于言"，而天下之祸可以息[1]，此乃是就政治责任、政治后果而立言。

以上被船山所批评的魏国之直谏之臣、妄人王安石、意气之士鲍宣、躁人贾谊、晁错多为后世士人所大力肯定，但他们的行为在实质上都同样显示出不考虑政治后果，而不足以胜任"匡主庇民之重任"，虽然表现形式各异——或看似理想主义政治之以大言震人，或是出于一时之意气，或是自诧先觉、躁动不能俟而激物之动以至流血成渠。

---

1. 《读通鉴论》，第 42—43 页。

（三）急于求成甚至不择手段者：功名之士、刻核之吏、矫诡之士、游士

上述所论之士人、臣子要么是逃避政治，要么是不计政治后果，这些在士人中都甚为常见，与这两大类相对，又有为极力追求结果而急于求成以至不择手段者，这在积极的政治实践者中最为常见。

1.功名之士

一谈到政治实践，人们往往容易想到功名之士，而这也是为政者最容易选择的方式。

西晋末年，刘琨深怀忠愤，以匡复中国为志。他为讨匈奴刘渊而进鲜卑拓拔猗卢，船山由此批评他是"拒一夷而进一夷"，结果事终于不成，"徒延拓拔猗卢于陉北"。船山指出刘琨当时确实很困难，他不能驱市人以敌大寇，但他认为君子行为有其限度："然君子之自靖以忠于所事，亦为其所可为而已矣。智索力穷，则归命朝廷，如魏胜、辛弃疾斯亦可矣，未有急一时而忘无穷之祸者也。"船山由此批评刘琨只是功名之士，志在功名而不闻君子之道，所以功不遂、名不贞，实际上是自己造成的。船山更叹息刘琨为"不虑之臣"而乱天下，国速亡，夷、夏之防而永裂[1]。

唐李德裕抱有为之志欲抒于国。当时宦官内外擅权已成积重难返之势，李德裕为行其志而委曲交接宦官。船山这样分析李德裕之心理：李德裕自以为能不为宦官所用而能用宦官；他对于宦官杨钦义之内召，无所屈节，而以宝玩满足其欲望，他固然可以说："此以待小人而使忘机，非辱也。吾行吾志，何恤于硗硗皎皎之嫌

1.《读通鉴论》，第325—326页。

疑乎？"但他于君子立身之大防，则最终玷污了。船山理解李德裕所处无道之世之难，并提出应对之方："洁己无可羡之赀，谋国无偏私之党，以君命而接之以礼，秉素志而持之以正，进不触其深忌，退不取其欢心，俟时以得君，而无求成求可之躁愿，庶其免乎！"[1]船山批评李德裕只是"功名之士"，不足以及此。他在此所提出的"秉素志"而"持之以正"乃是贯穿于其史论的重要政治原则，后面要论及的唐狄仁杰事武则天而得其心，武则天唯其言是听，狄仁杰终复唐之社稷，并不是委曲以用机权，只是"一之于大正"。

　　船山在对功名之士的分析中触及到了政治的有限性，或者说是政治的边界这一根本问题，他所提出的君子"为其所可为而已"，"无求成求可之躁愿"，表明政治不能是为急一时而无所不为，故政治不能是无所不能的，而乃有俟时、听命于天，这也是君子区别于功名之士之所在，是为消极中之积极。

2.刻核之吏

　　刻核之吏，即古之所谓酷吏，鸷击富者、强者而合于小民之仇富、嫉强的幸灾乐祸心理，故而为小民所称道，但却为船山所批评。他批评汉宣帝时赵广汉之所为：

　　　　流俗之毁誉，其可徇乎？赵广汉，虔矫刻核之吏也，怀私怨以杀荣畜而动摇宰相。国有此臣，以剥丧国脉而坏民风俗也，不可复救。乃下狱，而吏民守阙号泣者数万人。流俗趋小喜而昧大体，蜂涌相煽以群迷，诚乱世之风哉！

　　　　小民之无知也，贫疾富，弱疾强，忌人之盈而乐其祸，古者谓之罢民。夫富且强者之不恤贫弱，而以气凌之，诚有罪矣。乃骄以

1.《读通鉴论》，第798—799页。

横，求以忮，互相妒而相怨，其恶惟均。循吏拊其弱而教其强，勉贫者以自存，而富者之势自戢，岂无道哉？然治定俗移而民不见德。酷吏起而乐持之以示威福，鸷击富强，而贫弱不自力之罢民为之一快。广汉得是术也。任无藉之少年，遇事蜂起，敢于杀戮，以取罢民之祝颂。于是而民且以贫弱为安荣，而不知其幸灾乐祸，偷以即于疲惰，而不救其死亡。

船山叹息"流俗之惑人，千年而未已，亦至此乎"。他又以百姓称道的北宋包拯为虔矫之吏，谓"包拯用而识者忧其致乱，君子之远识，非庸人之所能测久矣"[1]。船山在解释《周易》"大过"卦九三爻时，以包拯为过刚而下属不能胜任之例："三以刚居刚，躁于进而不恤下之弱，下必折矣。包拯用而识者忧其乱宋，不顾下之不能胜任，其能安乎……民者，上之辅也，过刚则人疑惧，事不立而怨作，谁与辅之。"[2]

船山对于刻核之吏的讨论乃与其对百姓流俗之毁誉不可徇，以及风俗的考量联系在一起，他指出君子之道，完全不同于申、韩之刻薄者，在于"不欲求快于一时之心也。心苟快，而天地和平之气已不足以存，俗吏恶知此哉？"[3]他强烈批评酷吏激起百姓之戾气，而强调"养天下之和平"[4]，政治之最终目的乃是化民成俗，养百姓和平之气，这是船山讨论政治的出发点。

3.矫诡之士

西汉昭帝时严延年劾奏霍光擅废立、无人臣之礼。表面看来，"其言甚危，其义甚正，若有敢死之气而不畏强御。或曰：光行权，而延年守天下之大经，为万世防"，船山批评严延年安能得此不虞之

1.《读通鉴论》，第81—82页。
2.王夫之《周易内传》，《船山全书》（第1册），第258页。
3.《读通鉴论》，第810页。
4.《宋论》，《船山全书》（第11册），第179页。

誉,他洞悉延年熟虑沽直而不会有祸的隐秘心理:"其后霍氏鸩皇后,谋大逆,以视光所行为何如,延年何以噤不复鸣邪? 光之必有所顾忌而不怨延年,宣帝有畏于霍氏,必心利延年之说而不责延年,延年皆虑之熟矣。犯天下之至险而固非险也,则乘之以沽直作威,而庸人遂敬惮之。既熟虑诛戮之不加,而抑为庸人之所敬惮,延年之计得矣。前乎上官桀之乱,后乎霍禹之逆,使延年一讦其奸,而刀锯且加乎身,固延年所弗敢问也。"

船山于是总结"矫诡之士"每每"翘君与大臣危疑不自信之过,言之无讳以立名,而早计不逢其祸",此正所谓"言辩而辨,行伪而坚"者,船山指出:"有所击必有所避,观其避以知其击,君子岂为其所罔哉?"[1]

此处可与直谏之臣作比较,二者之别在于心术之不同,船山诛矫诡之士之心,乃如《春秋》所做之工作,使后世知貌似批评朝廷、大臣、国家、政府者似为民犯险而实不会得祸,反而获私利之私心、私欲,由此其心无所遁逃。

4."游士"

对于游士,船山极尽批评之辞。他认为游士即便不乱人国,也不足以系国之重轻,因为民望所不归[2]。他更以唐末宪宗时谭忠持两端之策而为藩镇谋划之史事,而激烈批评游士之乱天下。船山析述这段史事道:

> 揣摩情势、游移捭阖之士,其术得售,而天下之乱不可止。战国之分争,垂数百年而不定,暴骨连野,人之死者十九,皆此等心机所动,持天下而徇己说者成之也。至于唐之季世,而游士

1.《读通鉴论》,第76页。
2.《读通鉴论》,第324页。

之口复腾。河北兵连，宇内骚扰，一言偶中，狂夫捐久长之利害，而一意徇之，险矣哉！若谭忠之为田季安、刘济谋者是已。

于斯时也，为季安谋万全者，岂有他哉？陈王承宗之逆而必败，淮蔡、淄青之自速其亡，使二镇合兵，蹙承宗使就缚归命，改镇修职，则季安、济长保其富贵；而承宗既禽，淮蔡不敢穷兵以抗命，淄青不敢仗盗以党奸，天下亦蒙其安平之福矣。其后田弘正一逼郓州，而李师道旋授首于刘悟，其明效矣。而谭忠持两端之策，揣朝廷之举动，姑顺天子之命，实保承宗之奸，以上免朝廷之怒，下结叛逆之心，自谓谋之巳工，而昧于久长之计者，惊其揣度之中，无定之衷，固不胜其如簧之舌，于是取堂邑以市交，收饶阳、束鹿以谢咎，二镇固可处堂而嬉也。而天下之祸，乃以此而深。

船山认为假如没有谭忠的话，则"二镇顺而归命，一言而决耳；逆而助贼，亦一言而决耳；痈已溃，收之而固无难也"，所以说谭忠之为谋"险矣哉"！船山强调"士之倾危而祸及天下者，莫甚于善揣中外之情形而持之不失"，他对于游士的激烈批评态度背后乃是历史上游士多次引夷狄而亡华夏的沉痛教训："李巨川之亡唐，张元、吴昊之乱宋，皆此也。杜荀鹤、韦庄之流，始于容身，终于幸利，然技止于雕虫，犹不尸为戎首。而兀术欲走，一书生揣岳、秦之衅，言如持券，以终陷东京而不复。"

针对唐末游士之害，船山提出仍修学校、不停科举的应对之方："当国者之御此曹也难矣，奖之则群起而挠国是，抑之则反面而事寇雠。惟当祸乱繁兴之日，庠序仍修，贡举不辍，使有坦道之可遵，而旁蹊庶其可塞乎！"[1]先王将士子"收之于胶庠，而奖之以饮射"，并不是要钳束他们，而是养其和平之气而潜消其险诈[2]。

1.《读通鉴论》，第763—764页。
2.《读通鉴论》，第403页。

近一百年来，在西方的入侵之下，出现新的华、夷之别，亦伴生数量更大的现代之"游士"——买办，至今日又出现新的买办并利益集团化、制度化，他们知悉中国之国情，而在他们眼中无国家利益、民族利益可言，较之船山当年所论之史，此辈更难对付。这也同样称得上是古今一体，读史而愈明之。

(四) 政治能力不足者：疏庸之士、鄙陋之臣

1. "疏庸之士"

南宋李纲多次给宋高宗上书，天下后世乐以道之，无议其非者，而是批评高宗不用李纲之言，船山独能言人所未言地批评李纲之奏疏，欲"建立纲宗、统万殊万目于数纸之中"，实为"虚设之纲宗，固无当也"，由此谓李纲为"疏庸之士"。

真正的"言之纲宗"，在船山看来是："言有纲，道有宗；纲宗者，大正者也。故善言道者，言其宗而万殊得；善言治者，言其纲而万目张。循之而可以尽致，推之而可以知通，传之天下后世而莫能擿其瑕颣。"不仅如此，还要有其他种种条件的配合，即："然而抑必有其立诚者，而后不仅以善言著也，且抑必听言者之知循知推，而见之行事者确也。抑亦必其势不迫，而可以徐引其绪；事不疑，而可以弗患其迷也。如是，则今日言之，今日行之，而效捷于影响。"只有满足修辞立其诚，听言者能然有所循而可行，势不迫，事不疑等这些条件，才有言即能行的效果，而天下之尚言者，不如是以言者甚多。船山批评疏庸之士所言，"剽窃正论，亦得相冒以自附于君子之言；宗不足以为万殊之宗，纲不足以为万目之纲，寻之不得其首，究之不得其尾"，其所言泛然而广列，表面看来似乎可以施行，实际则不知道有什么具体的可操作性。

宋高宗南渡后，李纲屡屡进言，其言之为纲宗者有："报君父之

仇也，复祖宗之宇也。又进而加详焉，远小人，亲君子也；议巡幸，决战守也；择将帅，简兵卒也；抚河北，镇荆、襄也。"李纲之言看来全都无可非议，按他所言，循之推之，以建中兴之业，"允矣其无瑕颣矣"，但船山认为，若以实求之，则其进言不足以当纲宗，因此逐条批驳。船山对于李纲奏疏之批评、辨析极见精义，足以让士人深省而类推，举一而反三，故不嫌其长，摘录如下。

就"报君父之仇也，复祖宗之宇也"这一条，船山驳此为空言："君父之痛，土宇之蹙，诚不容已者。然其容已与不容已，系乎嗣君之志而已。有其志，不待言也；无其志，言无益也。有其志而不知所以为之，弗示以方，固弗能奖也。故此二言者，人皆可言，人皆可信，而究止于空言也。进而加详，则固愿终其说以导之而出于迷涂，天下后世之所乐听，或亦高宗之所欲闻乎！"

就"远小人，亲君子"这一条，船山批评其未列君子、小人之具体名字而可能使君子小人之际相混淆："就其云亲君子，远小人，尚矣。苟非清狂不慧者，孰以为不然？乃君子小人，有定名而无定指者也。以小人为君子，而君子矣；以君子为小人，而小人矣。故诸葛《出师表》必目列其人以当之。今不直简贤而求其进，斥奸而请其退，则奚以知汪伯彦、黄潜善之非君子，而赵鼎、胡寅之非小人邪？"

就"议巡幸，决战守"这一急切之条，船山批评其未有精密的具体筹谋："议巡幸，决战守，急矣。而行伍之凭藉，孰为干城？强敌之争趋，何从控御？刍粮何庤以不匮？器仗何取以求精？岂天子匹马以前，疲卒扶羸以进，遂足定百年之鼎，成三捷之功乎？"

就"择将帅，简兵卒"这一紧要之条，船山批评其只是虚悬口号："择将帅，简兵卒，尤其要者。抑就茬戎行而数奔者择之邪？无亦求之偏裨，求之卒伍，求之草泽而择之邪？天子自择之邪？纲可代为之择邪？天子自择之，则亦非不有所任用矣。纲可代择之，则胡不心维口诵于坐论之下，如赵普之为太祖谋者，而但虚悬一择之之号，以听人之诡遇乎？惊奔之余，兵卒之不足久矣。集之必有其方；部之伍之，必有其制；教之练之，督之绥之，必有其将。河北之南来，闽海、楚、蜀之新募，必有其可使战可使守之势。合其散而使壹，振其弱而使强，必有其道。"船山指出，李纲诚能以一身任安危之寄，则应当"躬任之，默识之，日积月累，以几于成"，而非"大声疾呼，悬一榜、下一令之所能胜也。则尤不可以空言效也"。

就"抚河北，镇荆、襄"这一刻不容缓之条，船山批评其未能就事而谋之："抚河北，镇襄、邓，诚形势之不容缓矣。河北之待抚，岂徒号于上曰'吾不割也'，众志遂以成城乎？其吏民为朝廷守者，孰可任也？孰未可任，而急须别拣将帅以任之也？张所、傅亮固未足以胜任，即令任之，而所以安所、亮而使尽其力者何术也？襄、邓之财赋兵戎，其可因仍者何若？其所补葺者何从？专任而无旁挠者何道？凡此，皆就事而谋之，因势而图之，非可一言而据为不拔之策。"

李纲当做的，在船山看来是密藏而研几："国政在握，成败在于目睫，迫与天子谋之，进群策以酌之，固有密藏于夙夜而研几于俄顷者，岂建鼓而亡子可追哉？"而李纲却"但琅琅乎其言之矣。一言而气已竭矣"，由此难免不被奸党笑之为"是老生之常谈，谓饥当食，而为无米之炊者也。恶足以拯吾君于危殆而措之安哉？"当时的形势是徽宗、钦宗二帝被俘，自河朔以向江、淮，数千里城空野溃，船山批评道："以一身系九鼎之重，则宜以一言而析众论之归。犹且组练篇章，指未可遽行之规画，以祈免乎瑕璺。"他指出当时非贾谊、董仲舒所处汉盛之时，可以高论以立令名，所以"言之善者，不如其无言"。

"宋之所以浸弱浸削至于亡者"的原因，被船山归结于是"始终一纲宗之言，坐销岁月而已"，并进而批评李纲之前吕夷简、范仲淹、王安石、苏东坡，接着李纲的杨时，之后真德秀等两宋之献策者都有与李纲一样的行之而无效之毛病："继纲而献策者，杨中立、胡敬仲犹是也。后乎此而陈言者，刘共父、真西山犹是也。乃前乎此而倡之者，景祐以来，吕、范诸公以洎王介甫之邪僻，苏子瞻之纵横，无非是也。以拟诸道，皆提其宗；以考诸治，皆挈其纲；孰得指其瑕颣者？而求其言之即可行，行之即可效者，万不得一焉。故曰：'其言之不怍，则为之也难。'不怍者，可正告于天下后世，而不违于纲宗之大正者也。叩其所以为之而不得，则难矣。夫言也，而仅以祈免于怍也与哉？"这便是船山对于言而仅以祈免于惭愧之尖锐批评，警醒士人反思其言。

船山最后将李纲之奏议与唐陆贽奏议之"一议为一事"才是善言作一比较："陆敬舆以奏议辅德宗，而反奉天之驾，一议为一事而已，非建立纲宗、统万殊万目于数纸之中也。斯则诚为善言者乎！"[1]

船山对于李纲以及吕夷简、范仲淹、王安石、苏东坡、杨时、真德秀等献策的批评如此严厉，与史家、士人通行之评价存在巨大反差，而一时未必容易为人所接受，一方面显示其史论之独到而精微，言人所不能言，洞悉这些多为后世史家所大力颂扬者之献言、献策实为"疏庸"而行之无效；另一方面则在这不能轻易滑过去的巨大批评反差中，让人深思他对于士之政治品质、政治成熟、政治能力所要求的高度，这又与他对于政治之伟大的强调一体相关。

此外，如果李纲、范仲淹、王安石、苏东坡、真德秀等名臣之献言献策都是求其言之即可行，行之即可效者，万不得一，那么后世朝廷、今日国家之广求臣子、士人、百姓之献言献策，其效果则颇可疑，

1.《读通鉴论》，第81—82页。

但又有几人有如船山之胆识揭示此点！而船山之揭明实亦洞彻真实政治之所在，船山的工作乃是要还原真实的政治，这一还原的工作是与打破种种政治幻象一体的。故就献言献策此点而言，其意义或许更多只是礼仪政治之需要，自然礼仪政治之意义亦不可或缺，但要意识到这只是其礼仪作用（故要与行作切割），即是要显得是征求士庶之建议，但此点却是只能做而不能道破的，"民可由之，不可使知之"的政治智慧正在于此。后面对大臣之道的讨论中还将更详细地讨论到献策这一点。

2.鄙陋之臣

西汉宣帝时，赵充国抗击羌人进犯，宣帝下诏充国："将军不念中国之费，欲以数岁而胜敌，将军谁不乐此者？"船山批评此乃"鄙陋之臣以惑庸主而激无穷之害"，幸而赵充国坚持而不为动，否则，汉就危殆了。船山就此辨析鄙臣、庸主，司农、有司、将帅以及猾胥、疲民等不约而同而欲速已之害："为国者，外患内讧，不得已而用兵。谓之不得已，则不可得而速已矣；谓之不得已，则欲已之，亦惟以不已者已之而已矣。何也？诚不可得而已也，举四海耕三余九之积，用之一隅，民虽劳，亦不得不劳；国虽虚，亦不得不虚。鄙陋之臣，以其称盐数米于烓厨之意计而为国谋，庸主遂信以为忧国者，而害自此生。司农急于挽输，忌边帅之以军兴相迫，窳敝之有司，畏后事之责，猾胥疲民，一倡百和，鼓其欲速之辞，而害自此成。茫昧微功之将帅，承朝廷吝惜之指，翘老成之深智沉勇以为耗国毒民，乃进荡平之速效，而害自此烈矣。"

赵充国实际上只坚持了一年，羌就瓦解了，则之前他所说欲以数年而胜敌的话，乃是"老成熟虑之辞，抑恐事不必速集，而鄙陋之庸臣且执前言以相责耳。非果有数岁之费以病国劳民，显矣。"船山感叹期速效而亡天下之害:"甚矣,国无老臣而庸主陋臣之自误也!惮数岁之劳,遽期事之速效,一蹶不振,数十年兵连祸结而不可解,国果虚,民果困,盗贼从中起,而遂至于亡。以田夫贩竖数米量盐之智,捐天下而陆沉之,哀哉!"[1] 这段议论背后乃是明末上下都对剿流寇、征辽东期速效而招致亡国之沉痛教训。

船山对鄙陋之臣的批评让人反思在面对战争时,士人中种种体恤百姓而欲速战速捷之说,看似忧国忧民,其实误国,不知"慢"反而是"快"之理。

以上对各种士的批评,可见船山在其《读通鉴论·叙论》所说"推其所以然之由,辨其不尽然之实,均于善而醇疵分,均于恶而轻重别,因其时,度其势,察其心,穷其效"[2]。士人、百姓所推崇、乐道者被船山施于批评:怀忠愤之刘琨被批为功名之士,包拯被批为虔矫之吏,李纲被批为疏庸之士,王安石奉尧舜被批为妄人,元稹、白居易亦被斥为妄人,上民有七亡七死之章的鲍宣被批为意气之士,忧心吴王之反的贾谊、晁错被批为躁人。船山也指出直谏之臣易得,忧国之臣不易得,清孤之士致国中无人,惜费欲速之为鄙陋之庸臣。他又揭示出矫诡之士之隐秘心理,游士之乱天下,皆言人所未能言,显示出船山对于士大夫群体在政治成熟度方面的自我反省之深刻。

二、士大夫政治的成熟与至高的政治实践智慧: 大臣之难得与大臣之道

在讨论了船山对于各种士的批评之后,接下来对于大臣、大臣

之道的讨论则更易见大臣之难得。船山常会用到不可以为大臣、"允为大臣"、实未得大臣之道、得大臣之道这类说法,值得深究。

大臣之为大臣,在船山看来,首先是大臣必须能入参坐议,出接四方。唐宪宗时,藩镇割据,大臣李绛谋国征验疾速:"魏博田季安死,其子擅立,李吉甫请讨之,而李绛请俟其变。筹之堂上而遥制千里,度之未事而验之果然,不两月而田兴果请命奉贡,效其忠贞,一如绛言,不差毫发。古今谋臣策士,征验疾速,未有如此之不爽者也。"船山细致地分析李绛如何秘密接纳边臣田兴,李绛"自策之,自言之",如此而何忧事不成。船山据此提出,大臣之以身任国事,必须熟识天下之情形,接纳边臣之心腹,与四方有肺腑之交,密计潜输,尽获其肝胆,乃可以招携服远。他强调以一人之忧为忧,以天下之安危为安危者,"岂孤立廷端,读已往之书,听筑室之谋,恃其忠智而无偾事之虞哉?"

大臣之谋国既是如此,船山进而指出,天子任命宰相,倚靠他来决大疑、定大事,一定要有方法。他首先分析殿阁文臣的弱点是由于清孤远物,因而与天下素不相接;而各部之能臣,虽擅长处理钱谷刑名的杂冗之事,"而于机事有所未逞"。由此,"危疑无定之衷,竭智以谋,愈详而愈左"。故而天子任命宰相来决大疑、定大事,必使其入参坐议,出接四方而集天下之声望。例如:陆贽、李绛任学士时,"早有以延揽方镇而得其要领;天下亦知王眷之归,物望之集,可与为因依,而听其颐指;无患乎事机之多变,而周章以失据矣。"船山批评人主对大臣之厚疑、厚防:"不能知人而厚防之,严宰执招权之罚,禁边臣近侍之交",结果只能"以漠不相知之介士,驭万里之情形",最终导致"日削日离,待尽而已矣"[1]。与此相关的,船山还多

1.《读通鉴论》,第 765—767 页。

处强调大臣要久任,而不能经常更替[1]。

久任、入参坐议而集物望只是大臣成其为大臣之基本,而为大臣不易,真正允为大臣、得大臣之道者甚少,以下申论船山关于大臣以及大臣之道之说。

(一)大臣当制治于未乱

制治于未乱,保邦于未危,在船山看来,乃可以为天子之大臣。他认为唐肃宗时李泌足以当之。他述析其劝谏肃宗将元帅授予太子广平,不要授予有英果之姿的建宁,从而保全二王兄弟之恩而不致重蹈玄武门之的变覆辙:"其与肃宗议功臣之赏,勿以官而以封邑,故贼平而无挟功以逼上之大臣,此之谓保邦于未危。不然,则如刘裕之诛桓玄,李克用之驱黄巢,社稷随之以倾矣。其谏肃宗以元帅授广平、勿授建宁也,故国储定而人心一。全二王兄弟之恩,息骨肉猜疑之衅,此之谓制治于未乱。不然,则且如太宗宫门流血之惨,玄宗太平构祸之危,家国交受其伤矣。"

船山就假设肃宗以元帅授建宁之可能后果作分析,从反面以见天子之贵有大臣者为何:"太原之起,秦王谋定而乃以告;韦氏之诛,临淄不告相王而行;非适非长而独建大功,变起宫庭,高祖、睿宗亦无如之何也,非君父之舍适长而授庶少以权也。使肃宗以元帅授建宁,则业受命于己矣,是他日之争端,肃宗自启之也。乃肃宗之欲命建宁,非有私宠之情,以建宁英果之姿,成功较易,则为当日平贼计者,固得命帅之宜,廷臣自以为允。乃长源于图功之始,豫计未有之隙,早涂塈以泯其迹,决之一言,而乱萌永塞,所贵于天子之有大臣者,唯此而已矣。事已舛,祸已生,始持正以争于后,则虽以身殉,国

1.《宋论》,《船山全书》(第11册),第69—71页。

家不蒙其佑，奚足赖哉？"

船山接着述析广平虽然才能逊于建宁，但并非长于深宫而无识，其以太子身份为帅终建大功，以此证明李泌之知深虑远、与道相合而可以为大臣："且夫逆贼有必亡之势，诸将有克敌之能，广平虽才让建宁，亦非深宫豢养无所识知者也。假元子之宠灵，为将士先，自可制贼之死命，无待建宁而始胜其任，长源知之审矣。广平为帅，两京旋复，亦非拘名义以隳大功。知深虑远，与道相扶，仁人之言其利溥，此之谓也。故曰必如是而后可以为天子大臣也。"[1]

（二）大臣当独任、不好言、不好听而民不知感

南宋孝宗即位之初，锐志以图光复中原，起用主战之张浚（字德远），张浚被宋高宗、秦桧贬谪近二十年，他在后世被视为中兴名臣。船山批评张浚不能胜任光复之重任，张浚"攘臂而争旦夕"，"孤遣一军，逍遥而进，横击率然之腰，姑试拚蜂之螯"，而其所任之大将"李显忠万里初归，众无与亲；邵宏渊百战未经，怀私求试"，最终招致符离之溃败。船山分析张浚久受贬谪而积不平之气之后果："猝起德远于摧抑之余，积不平之志气，视举朝如醉梦，而己独醒；却众议以愤兴，而激其妒忌。"船山因此强调欲大有所作为之君相所当做的是："情愈迫者，从事愈舒；志愈专者，谘谋愈广；名愈正者，愈正其实；断愈坚者，愈周其虑。大有为之君相，务此而已矣。"[2]这些都是强调志专、断坚者谘谋更要广泛，思虑更要周全。

集思广益，而功不必自己立，这自然是大臣之道，船山指出也有不尽然者，非光大宅心而忠忱不渝者不能知。船山提出安社稷之事机决于俄顷，同朝者没有敢立异而相助的状况下，大臣当离人任独

1.《读通鉴论》，第680—681页。
2.《宋论》，《船山全书》（第11册），第259—260页。

而不为擅权："若夫宗社之所以安，大臣之所以定，奸邪窥伺于旁，主心疑贰于上，事机决于俄顷，祸福分于毫厘，则疏远之臣民，既非其所深喻；即同朝共事，无敢立异而愿赞其成者，或才有余而志不定，或志可任而才不能胜。徒取其志，则清谨自矜之士，临之而难折群疑；抑取其才，则妄兴徼利之人，乘之而倒持魁柄。如是者，离人而任独，非为擅也。知之已明，审之已定，握之于幽微之存主；而其发也，如江、河之决，不求助于细流。是道也，伊、周之所以靖商、周，慎守其独知，而震行无眚，夫孰得而与之哉？"船山认为三代以还，能做到这样的，只有北宋历仕仁宗、英宗、神宗的大臣韩琦一人而已。

当时英宗已长大，而母后之帘不撤，宵小持其长短，谤谮繁兴，以惑女主，而英宗之操纵，在其掌中，当时朝中大臣无一能相助韩琦的："非独张升、曾公亮、赵概之不能分任其死生，即文、富二公直方刚大之气，至此而不充。故'决取何日'之言，如震雷之迅发，而叱殿司以速撤；但以孤忠托先君之灵爽，而不假片言之赞助。其坐政事堂，召任守忠，斥其恶而速驱以就窜，必不以告赵概，而制之以勿敢异同。"船山感慨以如此之事，而咨谋于庶尹，会议于堂皇，腾书于章奏，求其事之不败而不能。他由此赞扬韩琦之安社稷而独任于己为臣道之极致："其志之贞，盟于梦寐；其道之正，积于生平；其情之定，忘乎生死；其力之大，发以精神。功何必不自己成，名何必不自己立，而初无居功立名之心，可揭日月以告之天下。易曰：'或从王事，知光大也。'知光大者之独行而无所恤，乃可以从王事，臣道之极致也。"船山比较后来南宋的赵汝愚未能做到这点，他非韩侂胄不足以立功，但事权却失，虽有朱子，也不能善其后。船山再次强调"无乐取人善之虚衷，不足以经庶务；无独行其志之定识，不足以任大谋。刚愎自用者，及其临事而待命于人。斗筲之器，所受尽而资于瓶盎，必然之势也。"[1]

船山强调独行其志又与其对党争的批评联系一起。基于明末党争带来亡国之沉痛，船山对于历史上东汉、唐、宋历代的党争尤加措意，他叹息"唐、宋以还，败亡一轨"，都是因为党争，他更痛惜"乱之初生，自所谓君子者开之，不但在沓之小人也"[2]。朋党之兴起与君子、大臣有至为紧密的关联。

船山溯源朋党之兴，始于汉元帝之世。萧望之、周堪二人固然是雅意欲为君子者，其攻史高、弘恭、石显，"以弼主于正"，固然是君子之道，二人奉遗诏，秉国政，辅佐柔弱之主刚一年，元帝浮慕二人之名而实未尝知二人。假使二人果真以抑群小、清奸本为远图，"身任之，以死继之，其孰敢不震叠焉？"而二人所为却异于此，他们身为大臣，"国是不决"，乃悬朝廷之禄位以引躁进喜事之人，而借以望其援助，以击弘恭、石显，最终成不可解之祸。船山由此总结朋党之兴，必有败类以相附，而贻小人之口实，大臣当不假新进而孤立自任："使为君子者，远爵赏之权，泯交游之迹，不歆便佞之推戴，不假新进以攻排，无瑕可求，孤立自任，则败类恶得而乘之？"[3]

萧望是引人，他之后汉成帝、汉哀帝之时的何武则是与人互引。何武以忤王莽而死，其"可以为社稷之臣乎"？船山的回答是不可以，原因是当此王莽将篡汉，汉室存亡之际，何武在朝中完全处于孤立之势，其"所恃者浩然之气胜之尔"，而他与公孙禄"更相称说"，"武举禄，禄亦举武，标榜以示私，授巨奸以朋党之讥"，则"气先馁而恶足以胜之"！公孙禄此人"岂可终保者哉？"，其惟诡随，乃以幸免；何武不欲为公孙禄之诡随，则足以杀其身而已。船山精微地点出何武"心不可质鬼神，道不可服小人，出没于荣辱之中，

1.《宋论》，《船山全书》（第11册），第146—148页。
2.《读通鉴论》，第787—789页。
3.《读通鉴论》，第90—91页。

而欲援已倾之天下,以水溅沸膏,欲熄其焰而焰愈烈,非直亡身,国因以丧,悲夫"!

唐裴度则是为所附之士所挽而不得退。船山指出,唐宪宗之用裴度也深,而信之也浅,所倚以谋社稷之大计,同心同德而不贰者,独淮蔡一役而已。船山析述此后裴度所面临的必退的形势:"然当其时,已与李逢吉、王涯旅进而无别。及乎淮蔡既平,公居首辅,而宦官承宠为馆驿使,赐六军辟仗使印,公不能以一言规正;皇甫镈、程异以聚敛与公分论道之席,公力争,而以朋党见疑;浚龙首池,起承晖殿,张奉国、李文悦白公谏止,而二人坐贬。"船山认为这几件事有一件发生,裴度就应该马上拂衣以去,而他却"层累相违",终栖迟于朝右,船山认为裴度并非贪荣宠以苟容,而是有其原因的,他就此分析裴度为其所附之士所拖累而不得退,偃仰以息其浩然之志这一原因:"公开阁以延士,而一时抱负之士,皆依公以利见,公去则不足以留,必群起而为公谋曰:公不可去也,委任重而受知深,志虽不伸,自可因事纳忠,以大造于家国,公姑隐忍以镇朝廷,使吾党得竭股肱之力,以持危而争胜。此言日进,公且不能违,而偃仰以息其浩然之志,所必然矣。故公俛仰中外,历事暗主,狎迩宵人,乍屈乍伸,终留不去,皆附公之末光者相从臾以羁迟也。"

裴度之浮沉前却,在船山看来,虽不谓无补于昏乱,则从臾者之言亦未为无当,但是"通数代之治乱而计之,则所补者小,所伤者大,起水火之争,酿国家之祸,公未及谋也"。他又指出:"为公谋者,其志、其量、其识,皆不足以及此,而公大臣之道以诎矣。"值得注意的是船山在此以"志、量、识"论"大臣之道"。

船山进而指出国家之患,"莫大乎君子以若进若退之身与小人迭为衰王,而只以坚小人之恶",原因在于,君子之道,不可则去,如此,小人乃不以君子为忧,而聚同伙以谋攻击,则"忌媚之恶,所逞者即自起于其朋俦，而同归于消灭。邺侯一归衡山，而张良娣、李辅国之首交陨于白刃"。唯君子终留于位，依附君子者"犹森森岳岳持清议于廷间，且动暗主之心，而有所匡正"，如此，小人乃自危，而"益固其党以争死命，抑且结宫禁、挟外援以制人主，而其势乃成乎不可拔。泰之拔茅以汇也，否亦拔茅以汇也，而君子之汇，终诎于群策群力之险毒。故刘向不去，而王氏益张；李膺再起，而宦官益肆；司马温公入相，而熙丰之党益猖。"

船山提出"大臣之道，不可则止"，这并非只是保身为哲，实是以静制天下之动，而使小人之自敝。船山强调："惟独立不受人之推戴，乃可为众正之依归。"[1]

前述李绛善谋，船山在别处又批评他作为大臣，恃其忠直，以言与小人李吉甫角长短而启朋党之争，不知大臣之体，因此不能胜任大臣之道，所谓大臣之道，是不以身任天下之纷纭。船山分析大臣之言，尤其是不再烦言："夫大臣者，衷之以心，裁之以道，持之以权，邦之荣怀与其枢阃系焉者也。不得已而有言，言出而小人无所施其唇舌，乃可定众论之归，而扶危定倾于未兆。若其一再言之，君已见庸而众嚣莫止者，必君志之未定，而终且受诎，则所谓'不可则止'者矣。"[2]船山将李绛之后的牛、李党争溯源于李绛与小人相角以言[3]。

士人喜以上书陈利病为尚，船山认为凡上书陈利病，以邀主听，希行之者，其情不一，其无一之足听则是一样的。他先分析其中有三种情形是大奸募事外之人、怀私之士、小有才者"皆怀蠹之奸，诔君相以从己，而行其胁持者"，接着精微地辨析了此外四种情况。其一，本无定虑，搜索故纸而成说，自己也未尝信为可行："有闻君之

1.《读通鉴论》，第 771—772 页。
2.《读通鉴论》，第 764—765 页。
3.《读通鉴论》，第 787—789 页。

求言也亟，相之好士也甚，蹞踔而兴，本无定虑，搜索故纸，旁问涂人，以成其说；叩其中怀，亦未尝信为可行，而姑试言之，以耀人之耳目。"其二，初入仕而百般揣摩，找一两件事来立说，并掇拾迂远之陈言来充数："有始出田野，薄游都邑，受一命而登仕籍，见进言者之耸动当时，而不安于缄默，晨揣夕摩，索一二事以为立说之资，而掇拾迂远之陈言以充幅；亦且栩栩然曰：'吾亦为社稷计灵长，为生民拯水火者也'，以自炫而已矣。"其三，诵一先生之言并附以历代之因革："有诵一先生之言，益以六经之绪说，附以历代之因革，时已异而守其故株，道已殊而寻其蠹迹；从不知国之所恃赖，民之所便安，而但任其闻见之私，以争得失；而田赋、兵戎、刑名、官守，泥其所不通，以病国毒民而不恤。"其四，虽出于亲身之感受，言一时、一事、一地之利弊而失于天下，失于百年："有身之所受，一事之甘苦，目之所睹，一邑之利病，感激于衡茅，而求伸于言路。其言失也，亦果有失也。其言得也，亦果有得也。而得以一方者，失于天下；得以一时者，失于百年。"船山指出，小利易以生愚氓之喜，隐忧实以怵君子之心。像这样的献言，"心可信也，理可持也"，而如果听取之的话，后果则是"元气以伤，大法以圮，弊且无穷。"

　　船山以上之论乃基于北宋李沆之史事，李沆是被船山一再称道的大臣，船山也一再引李沆之自言："居位无补，唯中外所陈利害，一切报罢，可以报国。"船山就此论及大臣之道，作为心性之学的"志"、"量"、"识"并赞叹李沆识量之大："所谓大臣者，以道事君。此可以当之矣。道者安民以定国，至正之经也。秉道以宅心而识乃弘，识唯其弘而志以定，志定而断以成，断成而气以静，气静而量乃可函受天下而不迫。天下皆函受于识量之中，无不可受也，而终不为之摇也。大矣哉！一人之识，四海之藏，非有道者，孰能不惊于所创闻而生其疑虑哉？"对于士人上书陈利害而全都不听，这样让人吃惊而生疑的识见，何以大，何以竟能函受天下，船山这样来理解李沆之识："天下有其大同，而抑有其各异，非可以一说竟也久矣。其大同者，好生而恶死也，好利而恶害也，好逸而恶劳也。各守其大经，不能无死者，而生者众矣；不能无害者，而利者长矣；不能无劳者，而逸者达矣。天有异时，地有异利，人有异才，物有异用。前之作者，历千祀，通九州，而各效其所宜；天下虽乱，终亦莫能越也。此之所谓伤者，彼之所自全；此之所谓善者，彼之所自败。虽仁如舜，智如禹，不能不有所缺陷以留人之指摘。识足以及此，则创制听之前王，修举听之百执，斟酌听之长史，从违听之编氓，而天下各就其纪。"船山在此指出，虽仁、智如舜、禹，也不可能没有缺陷，以留人之指摘，有此识量，则能对于人们的创制、改革之冲动持保留之审慎态度，而能知"各守其大经"、"各效其所宜"、"天下各就其纪"，他进而分析，既有此识量，则能不受建言者之影响而摇动："陈言者之至乎吾前，知其所自起，知其所自淫；知其善而不足以为善，知其果善而不能出吾之圜中。蝉噪而知其为夏，蛩吟而知其为秋，时至则鸣，气衰则息，安能举宗社生民以随之震动？"轻易接受建言者表面看似高明之言，并用之于天下，而举社稷百姓随之受震动之害，在历史上并不鲜见，在现代所谓理性社会更是明显。

李沆之识量就能使天下之人各正其性命，各修其职分："而士自修其素业，民自安其先畴，兵自卫其职守，贤者之志不纷，不肖之奸不售。容光普照，万物自献其妍媸，识之所周，道以之定。故曰：'天下之动，贞于一者也。'"反之，为献言者之高论所打动，博取听言、受谏、纳善之美名，而"举宗社生民以随之震动"，大兴改革，则所谓除旧弊适足以生更大之新弊，船山对于国家非当创业之始而之制度改革作出保留，甚至施予严厉之批评，其理由是：

> 国家当创业之始，缘乱而治，则必有所兴革，以为一代之规。

其所兴革不足以为规一代者，则必速亡。非然，则略而不详、因陋而不文、保弱而不竞者，皆有深意存焉。君德、民心、时会之所凑，适可至于是；既至于是，而亦足以持国于不衰。乃传之数世而弊且生矣。弊之所生，皆依法而起，则归咎于法也，不患无辞。其为弊也，吏玩而不理，士靡而亡实，民骄而不均，兵弛而不振；非其破法而行私，抑沿法而巧匿其奸也。有志者愤之，而求治之情，迫动于上，言治之术，竞起于下；听其言，推其心，皆当时所可厌苦之情事，而厘正之于旦夕，有余快焉。虽然，抑岂必归咎于法而别求治理哉？吏玩而不理，任廉肃之大臣以饬仕阶而得矣。士靡而亡实，崇醇雅之师儒以兴正学而得矣。民骄而不均，豪民日竞，罢民日瘠，人事盈虚之必有也；宽其征徭，疲者苏而竞者无所容其指画矣。兵弛而不振，籍有而伍无，伍有而战无，战争久息之必然也；无荐贿之将，无私杀之兵，委任专而弛者且劝以强劲矣。若是者，任得其人，而法无不可用。若十一千百之挂漏，创法者固留有余以养天下而平其情。匹夫匹妇祁寒暑雨之怨咨，猾胥奸民为鼠为雀之啄龁，恶足坏纲纪而伤教化？有天下者，无容心焉可矣。[1]

在制度与人的关系上，船山指出国家最初创法所立一代之规的自洽性，法传之数世后自然生弊，将弊病归咎于法是很容易，于是"有志者愤之，而求治之情，迫动于上，言治之术，竞起于下；听其言，推其心，皆当时所可厌苦之情事，而厘正之于旦夕，有余快焉"，但船山认为不一定非要归咎于制度，归咎制度是几乎所有改革者的理据。船山对于所谓制度改革取保留态度，强调"任得其人，而法无不可用"，而非改革制度从而导致"坏纲纪而伤教化"，他认为"法"即制度到一定时候必然会出现弊病，但不是鼎革之时，愈改革则弊害愈

1.《宋论》，《船山全书》（第11册），第108页。

丛生，如果能"循其故常"，则"吏虽贪冒，无改法之可乘，不能托名逾分以巧为吹索。士虽浮靡，无意指之可窥，不能逢迎揣摩以利其诡遇"。船山由此强调在上者秉持慈俭之德，而又有清刚之多士赞理于下，使能"见小害而不激，见小利而不歆，见小才而无取，见小过而无苛"，则"奸无所荧，邪无能闲，修明成宪，休养士民，于以坐致升平，绰有余裕。"[1]

　　船山将李沆不听士人上书言利害而护国家之元气，与其之前之后的名臣如唐姚崇、陆贽、宋司马光等的好言而招来"莠言兴"、好听招来"讼言竞"作一正反对比："文靖之及此，迥出于姚元之、陆敬舆、司马君实之表，远矣。前乎此者丙吉，后乎此者刘健，殆庶几焉。其他虽有煌炫之绩，皆道之所不许也。以安社稷不足，而况大人之正物者乎？有姚元之，则有张说；有陆敬舆，则有卢杞；有司马君实，则有王安石；好言而莠言兴，好听而讼言竞。唯文靖当国之下，匪徒梅询、曾致尧之屏息也；王钦若列侍从而不敢售其奸；张齐贤、寇准之伉直而消其激烈；所以护国家之元气者至矣。"李沆去世后，宋乃多故，笔舌争雄，先后有范仲淹、王安石等革新[2]。前段文字讲"休养士民"，这段文字讲"护国家之元气"，他也经常讲"养天下之和平"，都是要警惕盲目的改革，显示其甚精微之见道之言。

　　李沆对于上书一切报罢，而大臣进位至宰相，而条列时政以陈言，则自李沆之后吕夷简而始。其后韩琦、范仲淹、富弼、司马光诸君子，出统六师，入参三事，皆于受事之初，例有条奏。《礼记·表记》说："天下有道，行有枝叶，天下无道，言有枝叶。"船山以此知诸君子"失大臣之道"，他辨析大臣之不当烦言以耸众听："天下之事，唯君与我坐而论之，事至而行之，可兴则兴之已耳，可革则革之已

1.《宋论》，《船山全书》（第11册），第109—110页。
2.《宋论》，《船山全书》（第11册），第84—85页。

耳。唯道之从，唯志之伸，定命以辰告，不崇朝而遍天下，将何求而不得？奚待烦言以耸众听？如其微言而不悟，直言而不从，欲行而中沮，欲止而旁出；则有引身以退，免疚恶于寸心，而不待暴白以号于人曰：'吾已缕析言之，而上不我庸也。'此宰执大臣所以靖邦纪而息嚣凌之枢要也。"船山在此提出了为政者、大臣之政治伦理或曰政治忌讳，即对于自己之不被用，不当暴露张扬于天下，以免导致嚣凌不宁。因不被用而暴白于天下，这自然是为政者因受不了委屈而很容易患之毛病，自然他也就谈不上真正的政治家。船山因此感叹昔日李沆以实心体国，奠七十余年社稷生民于阜安者，一变而为"尚口纷呶之朝廷，摇四海于三寸之管"。他由此谓宰执之道在于"司听言以待黜陟耳，息浮言以正人心"，反之，"言出而行浇，言长而忠薄，言之不已，而国事不可为"。船山在此让人们深思尚言、浮言对于行、对于忠信、对于人心风俗之负面影响，也让人深思政治不争论之深远之意何在，而这也是船山所把握的治道之甚精微所在，以及对于士之自省所具之深度。具此识量，则古今政治不成熟者无所遁形，而喜"言之不已"之士人闻船山之论，亦当返求诸己而深惧，否则欲治国平天下却反而导致"国事不可为"。

　　对于宋代大臣之奏章，"读者惑焉，诧为盛美，违山十里，蟪蛄犹闻"[1]。船山以脉象之浮为譬喻来批评宋人之议论表面之美而实质无效之病："读其书，言不可胜求也；闻其名，美不可胜传也。即而察之，外强而中枯；静而诊之，脉浮而筋缓；起伏相代，得失相参。契丹胁之，而竭力以奉金缯；元昊乘之，而兵将血于原野。当时之效，亦可睹矣，奚问后世哉！"[2]船山因此提出"束宋人章奏于高阁，学术治道庶有瘳焉"，他的这一说法在士人、儒者中可谓惊世骇俗，他感慨

1.《宋论》，《船山全书》（第11册），第113—115页。
2.《宋论》，《船山全书》（第11册），第120—121页。

"俗论不然,宜中国之日疲以蹙也"[1]。船山之论史、论政,乃是要打破士人中种种看似绝对无可置疑之论而实为俗论而误中国,这是船山之精义最具穿透力之所在。

司马光之上条奏为船山所批评,而他不能止"儿童走卒"挟己以争上,亦为船山所批评,船山指出:"夫新法之病民,迫欲司马之相以蠲除之者,犹情理之正也。然而朝廷之用舍,国政之兴革,岂此喧呶一往之气所可取必者哉?"船山在此所批评的年轻士子、贩夫走卒挟大臣以争上,及其以喧呶一往之气一定要达到改革国政之目的之现象,自然不只存在于北宋司马光时,在此之前有东汉党锢之祸,之后晚明东林党、晚清公车上书,都是与古为一体,船山对于身为大臣者却与"儿童走卒"同样的政治不成熟的批评,在今天尤具启示。

船山认为司马光之不得行其志的原因,正在于其不能阻"儿童走卒"挟己以与上争,所以宋哲宗亲政之后,对司马光厚加疑忌,"以为是率乱民而胁上以相己者,固已目无君上",船山如是之批评,亦殷鉴不远。而后世则多取司马光、儿童走卒与上相争之立场,强调所谓改革除弊,并批评所谓君主专制,而完全不知维护君主之为国家纲纪、权威所在为何物。

船山将司马光与东晋谢安、唐郭子仪作一比较:"谢安石抗桓温,却苻坚,而民不知感。郭子仪厄于程元振,困于鱼朝恩,而众不为伸。"[2]船山在此非常精到地提出了政治家之或用与或不用,都不应由百姓为之欢呼拥护或为之伸张的重要问题,否则就可能引发种种意想不到的政治后果。真正的政治家,乃是其功成而不为百姓知、不为百姓感,那么政治家个人的意义又在哪里呢?在船山看来,大臣即大政治家乃是独任,乐天知命而不忧,其政治乃是有所持守,反求

1.《宋论》,《船山全书》(第11册),第115页。
2.《宋论》,《船山全书》(第11册),第209—211页。

诸己，出于内在之性，即天命之谓性、性之善，不是为了显赫的声名与权力。现代为政者已颇难体会船山所谓"民不知感"、"众不为伸"所蕴含之绝大政治智慧，反而是以或潜或显之表演来主动追求民之感。故政治虽说是处理群体之生活，但政治家个人之政治决断、行为选择却不以透明公开为追求目标，相反却是孤立自任的——独自一人静正地做政治决断，并预先独立承担政治之后果，所以尤其需要优秀之政治品格，即大臣之道。

（三）大臣之平情、坦然无我之大用

大臣有私心、私利，在船山看来，则不足为大臣，不足为社稷之臣。私不只有个人之私，亦有士大夫群体之私。

船山指出："一议也，而以私与其间，则成乎私而害道。"他认为唐、宋以下所称持大体、务远图之大臣，没有不杂公私以议国事者，所以忮主奸臣倒持之以相挠而相胁。他以此批评唐玄宗时张说回护士大夫群体之私。当时唐玄宗与宰相议广州刺史裴伷先之罪，张嘉贞请杖之，张说说："刑不上大夫，为其近于君也，且所以养廉耻也。"船山赞扬其言"韪矣，允为存国体、劝臣节之讦谟"。张说既而又说："宰相时来则为之，大臣皆可笞辱，行及吾辈。"船山批评此语与宋人"勿使人主手滑"之说相同，而苟怀"行及我辈"之心，与同官噂沓以语，以倡此说，传之上下，垂之史策，人主将会说：士大夫自护其类以抗上而避害，乃是古今之通习，其所谓存国体、奖士节，都是假托之辞，而不可信。

在船山看来，士之可杀不可辱者在己，而非挟持以觊上之宽我于法，而"居之以淡泊，行之以宁静，绝贿赂之门，饬子弟之汰，谢游客之邪，息党同之争，卓然于朝右，而奚笞辱之足忧？"他又指出，若诚然有过，则引身以待罪；言若不为君用，则辞禄以

归耕[1]。

　　船山认为宋之盛时"其大臣之表见者,风采焕然,施于后世,繁有人矣",而"责以大臣之道,咸有歉焉",他们并非是非不明,并非效忠之不挚,并非学术之不正,并非操行之不洁,而是"恒若有一物焉,系于心而不能舍。故小人起从而蛊之,已从而玩之,终从而制之;人主亦阳敬礼而阴菲薄之。无他,名位而已矣"[2]。此论乃是基于北宋真宗时王旦之史事。王旦居宰辅之位,系国之安危,而奸臣王钦若、丁谓、陈彭年之徒,侧目其去,以执宋之魁柄。王旦迟回隐忍,为王钦若祥瑞之说所挟持。船山分析王旦之所以能被王钦若所持,乃是王钦若料到王旦不能舍相位。王旦之用为宰相乃是缘于寇准的被罢相。船山由此提出假如王旦于命相之日,力争寇准之去,而不肯代其位,则王钦若之奸不摧而自折。

　　较之唐宋以下所谓持大体、务远图之大臣,没有不杂公私以议国事,并眷恋名位,唐之郭子仪被船山给予极高的评价,他所用的评语是"平情"。李光弼、郭子仪二人在平安史之乱上都立下大功,以战功而论,李光弼奋其智勇,克敌制胜之功视郭为多;郭则一败于清渠,再溃于相州,功较之李显然不如。然而郭子仪却为唐社稷之臣,天下倚以重轻,后世无得而议,船山认为其岂是徒徼虚誉,而这完全在于其"平情"而听任权势之去来。船山强调任天下之重者,没有比平其情以听物之顺逆,而不挟意以自居于胜更重要的。他高度评价郭子仪以"翘关负米"即武举起家,却"暗与道合,其得于天者,三代以下莫与之伦矣"。

　　船山指出有人能任,则不能让,此所谓豪杰之士,以韩信、马援为代表;能让,则不能任,此为保身之哲,以张良、李泌为代表。而郭

1.《读通鉴论》,第 662—663 页。
2.《宋论》,《船山全书》(第 11 册),第 91—92 页。

子仪于"位之崇替,权之去留,上之疑信,谗佞之起灭,乃至功之成与不成,俱至则受之,受则任之,而无所容心于其间。情至平矣,而天下不能测其所为"。船山以山、水之平平荡荡来譬喻平情之度量之为大用:"山有陂陀,则测其峰之起伏;水有滩碛,则测其波之回旋;平平荡荡,无高无下,无曲无奇,而物恶从测之哉? 天下既共见之,而终莫测之,大哉! 平情之为用也,四海在其度中,贤不肖万殊之情归其范围矣。"

李光弼在得郭子仪被肃宗所夺之兵柄后,奋其智勇,却内乱蜂起,此扑彼兴,而郭子仪重新被起用后天下帖然,船山就此比较二人之高下:"相州师溃,汾阳之威名既损,鱼朝恩之潜行,肃宗夺其兵柄授李光弼,数年之内,光弼以元帅拥重兵戮力中原,若将驾汾阳而上之也。乃许叔冀叛于汴州,刘展反于江、淮,段子璋反于梓州,楚州杀李藏用,河东杀邓景山,行营杀李国贞、荔非元礼,内乱蜂起,此扑彼兴。迨乎宝应元年,汾阳受王爵、知诸道行营,而天下帖然,内既宁而外自戢,史朝义釜鱼之游不能以终日,弗待血战之功也。"船山继而指出,郭子仪一出而天下息,而其建威不过斩王元振四十余人而已,天下莫敢复乱,他于是感叹:"呜呼! 是岂光弼智勇之所能及,汉、魏以下将相大臣之能得于天下者乎? "

郭子仪"唯其平情以听权势之去来,可为则为,不可为则止,坦然无我之大用,人以意揣之而不能得其要领,又孰知其因其心而因物以受宠辱之固然者乎? "当时仆固怀恩为乱人,张用济欲逐光弼,而怀恩说:"邺城之溃,郭公先去,朝廷责帅,故罢公兵。"船山评论其"引咎以安众心,何其似君子之言也",认为此非郭子仪"安土敦仁、不舍几几之度,沦浃于群心,怀恩讵足以及此哉? "

在关于郭子仪的这条史论的最后,船山精微地分析了人臣所必有之不平之情及其后果,以此显示郭子仪较之李光弼而为"大人"之度量："人臣之义，忧国如家，性之节也；社稷之任在己而不可辞，道之任也。笃忠贞者，汲汲以谋济，而势诎力沮，则必有不平之情。此意一发于中，必动于外，天下乃争骛于功名，而忘其忠顺。奸人乘之，乱因以起。唯并取立功匡主之情，夷然任之，而无取必于物之念，以与天下相见于冰融风霁之宇，可为者无不为焉，则虽有桀骜不轨之徒，亦气折心灰而不敢动。不言之言，无功之功，回纥称之曰'大人'，允矣，其为大人矣！以光弼之忠勇不下于公，而天下不蒙其祐，两将相衡，度量较然矣。"[1]

大臣之"平情"体现于听权势之去来之度量上，也体现于"恶恶"这一问题上。明初开国功臣刘基自言"疾恶太甚，不可为相"。刘基之言易让人产生疑问，宰相乃是贤不肖之所取裁，以操治乱之枢机者，怎么可以好善不笃，恶恶不严呢？那么，刘基为何要这么说？船山解释所谓"太甚"，"非不能姑纵之谓也。谓夫恶之而不如其罪之应得，不待其恶之已著，而擿发之已亟也。"他提出为相臣者，当"平情以审法，持法以立断"，而非"形于色，发于言，无所函藏，而早自知其不容，一斥为快，而不虑其偾兴以旁出也；如是以赞人主赏罚之权，而君志未定，必致反激以生大乱。"船山此论基于唐高宗时长孙无忌之恶奸臣李义府之史事："长孙无忌之恶李义府，正矣；既熟察其凶险之情，则不宜轻示以机而使之自危。乃不待其罪之著见而无可逃，而遽欲谪之于蜀徼；抑不能迅发以决行，而使得展转以图徼幸。于是义府之奸，迫以求伸，用王德俭之谋，请立武氏，一旦超擢相位，而无忌不能不坐受其穷。"船山比较古今正反的例子，他赞扬北宋韩琦之处置任守忠，"其气不迫，而后其断不疑。函之从容，而决之俄顷，故守忠弗能激出以反噬"。而汉申屠嘉一失之邓通，再失

1.《读通鉴论》，第 689—691 页。

之舛错，都是因为疾恶甚而无持重之断，以一洩而易穷。他认为刘基之言，"为万世大臣之心法，允矣"[1]。

"平情"之"坦然无我"、"可为则为，不可为则止"超越了功名之士之必"求成求可"。而"平情"作为船山所提出的大臣之道，揭示了政治家既然选择以政治为志业，权势之来去就是政治中题中应有之义，情就不能不平，名则不可求，相反还可能承受无名、恶名，总之是坦然无我，并不求自我表白、甚至不求自我洗刷冤屈。

（四）社稷臣者，唯正而已

唐狄仁杰事武则天而终复唐之社稷，一般人都会认为狄仁杰之所以能得武则天之心而唯狄仁杰之言是听，树虎臣于左右而武则天没有疑心，他一定是"委曲以用机权"，以得当于武氏，而后使为己用。船山认为考证于狄仁杰之生平，完全不尽然："当高宗时，方为大理丞，高宗欲杀盗伐昭陵柏者，公持法以抗争，上怒沸加而终不移；及酷吏横行之际，为宁州刺史，以宽仁获百姓之心；再刺豫州，按越王贞之狱，密奏保全坐斩者六七百家，当籍没者五千余口免之；此岂尝有姑尚委随而与世推移以求曲济之心乎？"他由此讨论狄仁杰无不正之言、之行、之志："唯以道为心，以心为守，坦然无所疑虑，其视妖淫凶狠之武氏，犹夫人也，不见可忧，不见可惧。请复庐陵，而树张柬之等于津要，武氏灼见其情而自不能违，岂有他哉？无不正之言，无不正之行，无不正之志而已矣。"他因此提出，所谓社稷之臣，没有别的，"唯正而已矣"。

船山指出，以机权制物者，物亦以机权应之，君子固不如奸人之险诈，而君子先倾；以正自处，立于不可挠之地，而天时人事自与之

1.《读通鉴论》，第618—619页。

相应。他辨析孔融之所以不能折曹操以保全汉朝，在于他"慷慨英多而荡轶于准绳者不少，操有以倒持之"；而东晋周颢、戴渊密谋匡主而死于王敦，几以亡晋，他们自己也有咎过。船山认为孔融之愤而或激，周颢、戴渊之智而或诡，两者病均，而智之流于诡者，其败尤甚。或愤激、或流于诡，是危乱之世而欲有所为之士最容易患的毛病，尤其是后者，人们习焉不察，而船山之辨析让士人反省。

狄仁杰与激者、诡者这二者不同，"虽有奇奸巨憝杀人如莽之气焰，而至于山乔岳峙守塞不变之前，则气为之敛，而情为之折"，船山赞扬这正是狄仁杰之所以为别人所不可及处[1]，船山一再强调"当危乱之世，镇之以静，虑之以密，一之以大正，而后可以为社稷之臣"[2]。

（五）大臣之简、静与易风俗、养人才

"静正"是船山所注重的大臣之道。他认为唐无静正诚笃之大臣，而甘露之变后为宰相的李石庶几，郑覃则其次，二人之静正诚笃体现于他们作为大臣独能徐理溃决之社稷。他认为二人之受相位而不辞，非乘间以希荣，而是诛夷在指顾之间而有所不避。六巡边使疾驱入京，声言要尽杀朝士以恐吓搢绅，李石"安坐省署以弭其暴横"，此时，李石乃是以腰领妻孥为社稷争存亡，为衣冠争生死，船山赞叹其"可不谓忠诚笃悱、居易俟命之君子乎"。江西、湖南欲为宰相招募卫卒，而李石不许，刺客横行，刃及马尾，"固石所豫知而听之者也"。"薛元赏之能行法于神策军将，恃有石也；宋申锡之枉得以复伸，覃为之也"。船山乃谓"止滔天之水者，因其溃滥而徐理之"，最终宦官仇士良之威不敢逞，文宗得以令终，而武宗能弭其

1.《读通鉴论》，第 631—633 页。
2.《读通鉴论》，第 322—323 页。

74

乱，这乃是二人最早打下的基础[1]。

"简"与"静正"一样为大臣之道，它与船山对法家的批评联系一起。核人以事功，督人以刑名，名为王道，实为法家之操切，这是船山所极力辨析、批判的，也是他评价大臣的标准。他强调大臣简、静，才允为大臣，得大臣之道。

三国中，蜀汉之义正，魏之势强，而吴介其间，皆不敌，而角立不相下，船山言人所言地辨析是因为吴国有人，足与诸葛亮颉颃。魏国得士虽多，无有及之者。立国之始，宰相为安危之大司，而吴国舍张昭而用顾雍，顾雍被船山赞为"允为天子之大臣"。他就此比较、辨析曹魏所用之人行法家之操切，而诸葛亮相蜀，亦不能免，顾雍却有大臣之简、静，只有北宋之大臣李沆近之。船山分析道：

> 曹氏始用崔琰、毛玠，以操切治臣民，而法粗立。王道息，申、韩进，人心不固，而国祚不长，有自来也。诸葛之相先主也，淡泊宁静，尚矣。而与先主皆染申、韩之习，则且与曹氏德齐而莫能相尚。三代以下之材，求有如顾雍者鲜矣。寡言慎动，用人惟其能而无适莫；恤民之利病，密言于上而不炫其恩威；黜小利小功，罢边将便宜之策，以图其远大。有曹参之简靖而不弛其度，有宋璟之静正而不耀其廉。求其德之相若者，旷世而下，唯李沆为近之，而雍以处兵争之世，事雄猜之主，雍为愈矣。故曰：允为天子之大臣也。

上段话中的"寡言慎动，用人惟其能而无适莫"乃是针对历史上很多大臣之尚言、用人而启党争；"黜小利小功"，针对见有功利可为即急切为之；"密言于上而不炫其恩威"则是针对大臣之与上争权、争名，船山是要儆戒为政者之好名甚至自炫乃是不懂政治，而现代政治在这点上毛病更甚。船山处处极力维护代表着国家的皇帝的

1.《读通鉴论》，第796—797页。

权威；而在现代的学术视野下，古代皇帝的权威无疑意味着专制，在笔者看来，这一说法背后不过是知识分子之僭越，即是船山所批评的与上争而"炫其恩威"罢了，不过是现代知识分子政治不成熟的表现之一。

船山最终惋惜吴无汉之正、魏之强，而终于一隅。不然，以平定天下而有余[1]。

三国顾雍允为大臣，而东晋可胜大臣之任者，船山认为是郗鉴。二人有共同处，都非法家之操切。船山指出晋之败，败于上下纵弛，基于大弛之弊而反之以人张，则大张必穷，而终之以大弛，名为王道，而实为申、商，不覆人之家国者无几。当时下令固然是忠贞之士、朝廷之望，执法纪，厉色立朝以警群臣之荡佚，诚然是不可无，但于收人心、易风俗而安社稷则不能。船山指出，"先王忧人心之易弛而流也，劳来之以德教，而不切核之以事功；移易之以礼乐，而不督责之以刑名"[2]。

东晋谢安"任桓冲于荆、江，而别使谢玄监江北军事，晋于是而有北府之兵，以重朝权，以图中原，一举而两得"，后来淝水之战之胜实依靠北府兵，船山赞扬此举可谓"谟猷之远者"，可见其"知立国之弘规"[3]。谢安秉国政十年，桓冲死，谢安分荆、豫、江三州以授诸桓，桓玄之祸始于此。船山指出谢安之虑桓氏已熟，折桓冲而令其无功愧死，其势可以尽削桓氏之权，以奖晋室。他之所以这样做是自以父子名位太重，贻桓氏以口实，不得已而平其怨忌。但实际上忧不在桓氏，而在司马道子、王国宝，"二奸伏于萧墙，蛊孝武以忌安，而不足以相胜，则必假手桓氏以启衅"。谢安所任者为石虔、石民等，

1.《读通鉴论》，第267页。
2.《读通鉴论》，第349页。
3.《读通鉴论》，第381页。

"以为差愈于玄而可免于乱,然而终不能免,则安穷矣"。

船山认为谢安并非就无道处此,以保身而靖国,船山提出尽早培养政治人才以储国用的办法:"谢安秉国政于此十年,太后归政而己录尚书八年。夫岂晋廷之士举无可大受之人材,使及早而造就之以储为国之柱石者?冲死之后,内不私之于子弟,外不复假于诸桓,君无可疑,相无可谤,而桓氏亦无所倚以争权。"[1]他因此批评谢安之识早不及此,惴惴然求以弭谤,最终临事周章,亦其必然之势。他认为治道之大用为"用贤而兴教"[2],由此批评谢安"量不弘而虑不周,有靖国之忠,而惘于大臣之道,安不能免于责"[3]。

船山对于谢安未提早培养人才的批评,与他所强调的"有治人,无治法"、"任得其人,而非无不可用"都是相通的,都是强调人本身及其德性的重要,即是对于士阶层自身的严格要求,就此而言,船山所言为士之不易与为大臣之不易是一物,即下学为士而上达为大臣,"大臣之道"可谓是彻上彻下的功夫。

以上以船山的史论《读通鉴论》、《宋论》为中心,先讨论了船山对各种臣子的批评,然后是对允为大臣或不可以为大臣的辨析,在各种比较中,即臣子与大臣的比较,不可以为大臣与允为大臣的比较,不得大臣之道与得大臣之道的比较,显示出大臣之不易以及何为"大臣之道"。"大臣之道"也贯穿于船山经解中,船山学问的特点是经学与史论的互相交融、互相贯穿,释经时史论在其中,而史论的依据则是经义,经史的合一背后是理与势的合一。兹引其《诗广传》中结合李沆之史事而发其对于"大臣"合裕与密之议论:"唯裕也是以可久,唯密也是以自得。自得以行其志而久不逮,可以为天子之大

1.《读通鉴论》,第383页。
2.《读通鉴论》,第954页。
3.《读通鉴论》,第383页。

臣矣。《考盘》之'硕人'所以为硕也。诸葛亮密矣,其未裕乎? 裴度裕矣,其未密乎? 夫裕以密,则用而天下世受其福,不用天下不激其祸。……'硕人之宽',规之远也;'永矢勿告',怀道必行而不为之名也。不肖者消,贤者安之也。三代而降,其唯李沆乎! 函天下而不宠其智勇,听天下而不丧其枢机,宋乃以之蒙数世之安。故硕人者,正己而有光辉者也。"[1]

船山在其《周易内传》解释"豫卦"六二爻辞"介于石,不终日,贞吉",强调静正而能察几应万变:"二为坤主,柔得位而中,顺德之至者也。静正以居,而不妄动,'介于石'也。动而无静之体,非善动也。静而无动之体,非善静也。介于石,中立而不倚于物,则至正而万变不出其枢机,善恶之几不待审而自著,可以不待终日而应之速。故九四之奋发以快其所为,其本在此大正而无不吉也。"[2]

接下来对"大臣之道"作一简单归纳。船山在《宋论》中对"大臣之道"有一归纳:"国家之政,见为利而亟兴之,则奸因以售;见为害而亟除之,则众竞于嚣。故大臣之道,徐以相事会之宜,静以需众志之定,恒若有所俟而不遽,乃以熟尝其条理,而建不可拔之基。志有所愤,不敢怒张也;学有所得,不敢姑试也。"[3]

将上面三段话结合前面的讨论,可大体将"大臣之道"归纳为:制治于未乱,持大正,独任,平情,静、简、宽、密。船山常感叹知"治道"者甚少。

大臣之道的这些德行正是允为大臣者区别于各种士、也区别于貌似大臣者的关键处,它显示出真正成熟的政治,显示出责任之重,对政治后果之承担,它是政治品格与政治能力的一体,是至高的政

1. 王夫之《诗广传》,《船山全书》(第3册),第336—337页。
2.《周易内传》,《船山全书》(第1册),第178页。
3.《宋论》,《船山全书》(第11册),第20页。

治实践的智慧。在此，船山对于"至善"的诠释特别值得重视，他将"至善"释为"皆得咸宜"，强调行为的结果，曰："何以谓之德？行焉而得之谓也。何以谓之善？处焉而宜之谓也。何以谓之至善？皆得咸宜之谓也。不行胡得？不处胡宜？则君子之所谓知者，吾心喜怒哀乐之节，万物是非得失之几，诚明于心而不昧之谓尔。非君子有异教也，人之所以为人，不能离乎君民亲友以为道，则亦不能舍夫人官物曲以尽道，其固然也。"[1]由此可见至善与大臣之道之合一。

具备大臣之道的允为大臣者，其居于静正、俟而消弭危机于无形，区别于直谏之士、意气之士、躁人、妄人等士人的不考虑后果，他们或是出于道德理想主义，或是出于意气，但在不考虑后果上却是共同的。其持大正、平情、静、图远大、养天下之和平，区别于功名之士、刻核之吏、矫诡之士、游士等的不择手段而坏人心，其独任、密、规之远大区别于政治能力不足的疏庸之士、鄙陋之臣，区别于逃避政治的清高之士[2]。

大臣之道又是与作为心性之学的"志"、"量"、"识"一体的，"志量识"是船山经学的一个核心点。前述关于李沆、裴度的史论中贯穿了"志量识"。船山批评裴度"其志、其量、其识，皆不足以及此，而公大臣之道以诎矣"，他在引李沆之自言"居位无补，唯中外所陈利害，一切报罢，可以报国"之后就将大臣之道与"志"、"量"、"识"联系在一起："所谓大臣者，以道事君。此可以当之矣。道者安民以定国，至正之经也。秉道以宅心而识乃弘，识唯其弘而志以定，志定而断以成，断成而气以静，气静而量乃可函受天下而不迫。天下皆函受于识量之中，无不可受也，而终不为之摇也。大矣哉！一人之

---

1. 王夫之《礼记章句》，《船山全书》（第4册），第505页。
2. 船山之"大臣之道"近于马克斯韦伯所说的与价值伦理相对的责任伦理，但责任伦理实不能尽大臣之道之万一，此涉及到中国治道之精微，在此不申论。

识，四海之藏，非有道者，孰能不惊于所创闻而生其疑虑哉？"在狄仁杰的一条史论中，船山也完全用到"志"、"量"、"识"。可见"志量识"是船山评价大臣的标准，它与"大臣之道"完全是一体的，大臣之道之持大正，独任，平情，和平，静，宽，简，密与心性之学、内圣之学——"志、量、识"完全相通，即持大正、一之于正为持志定，独任、平情、和平、静、宽、简为"量"，密（密藏研几，与疏相对）为"识"。

第二章

志、量、识

——心性之学为政治家政治实践之保证

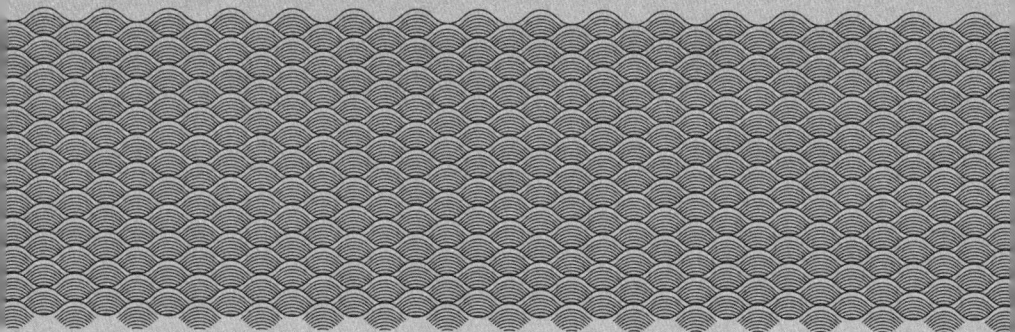

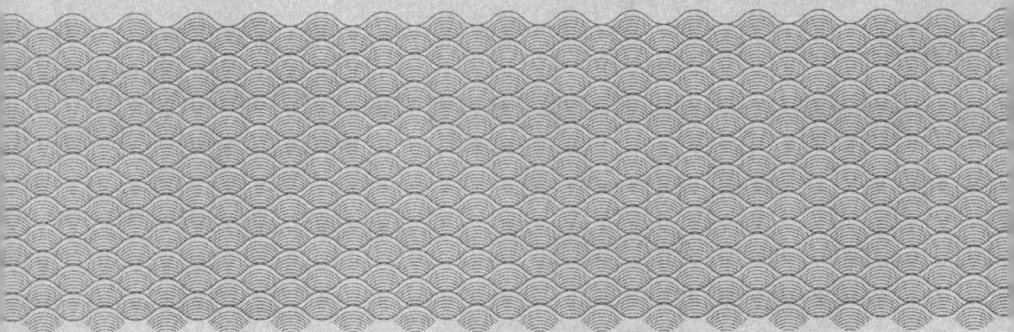

　　心性之学乃是宋明理学之核心，理学作为儒学在宋明的新样态，将心性与作为儒家核心的政治之间建立内在关联，是理学的真正精微所在，这也是儒学一直以来的内圣与外王的问题，即是政治是否需要心性的保证的问题，而这是从宋代程颐、朱子一直到明末清初王船山，再到清代儒学的长久历史进程。

　　处理心性与政治之间的关系问题，远比对单一的心性的处理更难。纯粹抽象的，与社会政治、与历史无挂碍的心性可以是悟性、智力的问题，大可离开实际的历史，以至百姓日用而不知的生活来玄谈。而将心性处理为与政治无关的纯粹个人道德问题，就儒家的价值实现而言也是残缺的，儒家之内圣乃是为着外王之政治关怀。但心性与政治的挂钩，则会让人产生心性难于落实于实际政治操作，以及对实际历史是否能有效解释的疑问，会认为有纯粹理想主义地谈论政治、评价历史的问题，而与政治实践及与实际的历史无法相应，也就变成另一意义上的空谈，但难并不等于不谈。恰恰在这里才真显儒者之实，儒者之不易为。

宋明理学讲心性，是认为心性是政治之本，政治操作的保证在于平日心性之养。但只有到王船山那里，对于心性的解释才着实。他在其经学、史论中以"志"、"量"、"识"说心性，心性在政治中才得以落实，心性成为实际政治中的心性，如此心性才与实际的政治操作真正紧密地内在关联起来，并有效地解释实际的历史。在此之前理学家对心性与政治、天理与历史、经学与史学之间的张力关系并没有很好地处理，而是打成两截，但这一过程确实不是一时一人所能完成，思想在连续中又充满曲折。

本章以王船山经学与史论为中心来讨论心性之学与政治实践之间的内在关系。先讨论船山《读四书大全说》、《四书训义》、《四书笺解》、《礼记章句》以及《周易内传》、《周易外传》等经解将心性与政治实践的关联落实于"志"、"量"、"识"，以及"心有广大深远之术"，接下来讨论他将其经解中的"志"、"量"、"识"贯穿于其晚岁所著史论《读通鉴论》、《宋论》的具体政治史的分析之中。船山的心性之学乃是落实于政治的实践者"大臣"身上，"大臣之道"与心性之学为一体。

一、志、量、识：王船山经解《读四书大全说》、《周易内传》将心性落实于政治实践

（一）从"性"、"心"到"志"、"气"：持志为正心

在"心"与"性"的关系的理解上，船山认为"性"为"心"之主，人之性善全在此心上凝聚，而性本身"无为"，需要于"有为"之"心"上主动发出[1]。船山指出："言学而不本之性，则不知人之所以

---

1. 王夫之《读四书大全说》，《船山全书》（第 6 册），第 893 页，第 945—946 页，第 964 页，第 1022 页。

为人"[1]，性关乎人之为人之所在，同样也是天下事理之所本，天下之事理如果不是"至性之所固有"，则"随感以迁"，不是过，就是不及，只因性有"当然之则"，故可以"生天下之动，而作其一定不易之经，是礼乐刑政之原也"[2]。性也就是中国政治传统、政治哲学的出发点。船山进而指出，"功化之极，要皆吾性中之固有，而非于所性之外有所增益也"[3]，而"处时势艰难以求自尽者，亦惟率吾性以行，而可以无忧"[4]，"性"在政治实践中就具有决定性的位置。

若没有对"性"的这一精义的把握，在政治实践中往往容易陷入于虚无主义以及功利主义之中。理解了"性"为中国政治传统、政治哲学的出发点，与"性"一体相关的"心"在政治实践中的位置也才能安置。

船山强调心不能离性，否则只是知觉、思维的灵明之心，而不是含凝性善的良心、仁义之心。[5]他对心既作出此区隔，也就特别强调正心，心是要正的，"正心"是他论心之关键所在。

《大学》说"欲正其心者，先诚其意"，船山辨析"正心"与"诚意"交相为用的辩证关系："乃心，素定者也，而心与物感之始，念忽以兴，则意是也。静而不失其正，动而或生其妄，则妄之已成，而心亦随之以邪矣。古之欲正其心者，必先于动意有为之几，皆诚于善，而无一念之不善夺其本心焉。"这是说"心"相对于"意"而言是静、定的，"意"则是心与物相交而生之念，心念如不善则心也随之不正，所以在刚开始动的几微之际，有善念、诚意的问题，时时要有戒慎恐惧之省察意识。故动之"诚意"，在平素静定的"正心"之先。

---

1. 王夫之《四书训义》（下），《船山全书》（第8册），第675页。
2.《四书训义》（上），《船山全书》（第7册），第108页。
3.《四书训义》（上），《船山全书》（第7册），第107页。
4.《四书训义》（下），《船山全书》（第8册），第298页。
5.《读四书大全说》，《船山全书》（第6册），第1077页，第1086页。

　　"致知"又在"诚意"之先，船山解释说："乃意者忽发者也，而意所未发之始，几可素审，则知是已。发而乍欲其善，豫未有以知其不善，则著之不明，而意亦惑于所从出矣。古之欲诚其意者，必先于善恶可知之理力致其辨，而无一理之不明，引意以为妄焉。夫致知，则意知所诚，心知所正，身知其所修矣。"[1]这是说心交于物之心念是忽然之间兴起的，在心念将要兴起之前，预先能察几而知微的是"知"。致知而明理，始能察几，始能诚意、正心与修身，致知在于素日学问功夫之积累。

　　回到"正心"的问题上，船山强调"心"不说在不在，只说正不正，此"心"乃是"好善恶恶之本志"[2]。他说："正者，仁义而已矣"[3]，"正其心于仁义而持之恒在"[4]，"执持其志者，正其心也"[5]，这是把"正心"落实于孟子所说的"持志"上，志为"心之用"[6]，持志可谓是船山心性之学之核心，也是使心性之学最终能落实于政治实践之关键所在。

　　志者，发心为志，此心为仁义之心，为道义之心，船山说："以道义为心者，孟子之志也。持其志者，持此也。"[7]持志也就是持道义之心、持仁义之心。志为心之所发而"善于所往"，是"性之所自含"[8]，"持之一心而不容自欺"[9]，发而"善于所往"即是有为之"心"据无为之"性"之善而以为"志"，[10]所以船山又说："正其

1.《四书训义》（上），《船山全书》（第7册），第48页。
2.王夫之《四书笺解》，《船山全书》（第6册），第117页。
3.《礼记章句》，《船山全书》（第4册），第1488页。
4.《读四书大全说》，《船山全书》（第6册），第420—421页。
5.《读四书大全说》，《船山全书》（第6册），第420页。
6.《读四书大全说》，《船山全书》（第6册），第926页。
7.《读四书大全说》，《船山全书》（第6册），第421页。
8.《读四书大全说》，《船山全书》（第6册），第923页。
9.《四书训义》（下），《船山全书》（第8册），第880页。
10.《读四书大全说》，《船山全书》（第6册），第400—401页。

心，常持其志使一于善也"[1]；"吾之动乎几微者，皆一如其志，而纯一于善，不摇于不善，心无不正矣"[2]。持志在于"纯一于善"，这也是持志之要义所在。

"纯一于善"之"纯一"至为紧要，"纯一"无杂则声色杂投而心有所主，船山曰："养其纯一于善，成无杂之心体，然后声色杂投而吾心之宁一有主者自若，斯乃以体天理于不息之常，而无须臾之离矣，此其静而存养者如此。"[3]船山更进一步指出："非天下之至纯者，不能行乎天下之至杂"，而"不足以纯而欲试之以杂，则不贤人之知能而已矣。故曰：所恶于执一者为其贼道也，举一而废百也。霸者之术亦王者之所知，而王道规其全，则时出为事功，而无损于王者之业。……撰之全，斯体之纯。体之纯，斯用之可杂"[4]。船山在此深刻地提出只有至纯才能用之于天下事之至杂，并批评心之杂而用之以天下事之杂，进而提出王道之全而大用，可以涵霸者之术。这些精微辨析对于政治实践者而言足以发人深省。

正心、持志而纯一于善，其意有两层，一层立志，即心有所立、有所主宰，船山说："志是大纲趣向底主宰。"[5]第二层是持志定，即"纯一"之"一"：志立而专一、坚持不动摇，即"吾心之定则立于不可易"[6]。所以仅立志是不够的，因为还有可能动摇，还要有"一"的持志定之功夫。

志为"言行动作之主"，志既立而持之定不动摇，则能发而为用，"行乎百变之途而不可夺者，持之之力也"，持志定者能"折大

1.《四书笺解》，《船山全书》（第6册），第110页。
2.《四书训义》（上），《船山全书》（第7册），第49页。
3.《四书训义》（上），《船山全书》（第7册），第106页。
4. 王夫之《周易外传》，《船山全书》（第1册），第987—988页。
5.《读四书大全说》，《船山全书》（第6册），第925页。
6.《四书训义》（下），《船山全书》（第8册），第250页。

疑、御大难",船山说:"盖以志立于不易,则凡吾之所以折大疑、御大难者,皆此确乎不拔之志以帅气而行者也。"[1]作为心性之学之落实的志,贯之于实际政治就不是迂阔,不是空的理想主义。持志牵涉到气的问题。孟子在谈"浩然之气"时,提到"夫志,气之帅也;气,体之充也。夫志至焉,气次焉。故曰:'持其志,无暴其气。'"船山就此解释志与气二者之间作为帅与卒以及内外本末相互培养的关系:"志固心之所之,而为气之将帅;然气亦人之所以充满于身,而为志之卒徒者也。故志固为至极,而气即次之。人固当敬守其志,然亦不可不致养其气。盖其内外本末相培养。"[2]

一方面,持志能生必为之气:"志者立心之始事,而气者成能日益之资也。……故人之志,专于有所为而壹矣,则因此而生必为之气,弱者可使之强也,此持志之功也。"[3]这也就是所谓"志气"。另一方面,当志尚未正,志尚未立,则无暇顾及气,而当志已立,即急需以气充体以辅志。否则志虽定而气不盈,则一出而即为物之所挠,于是"摧折其气,以恬淡为可安,而气受物之暴",在这时候必须使"吾气充满于吾体之中",而"吾气苟足以求胜于天下,临大纷,际大难,而必不惴焉,则志亦因之有定力而不迁", 这就是"气"对于"志"的绝大作用。

船山强调志之所往,欲成其始终条理之大用,则舍"气"言"志",志亦无所得而无所成[4],船山更为精微之论是将"志"与"气"的辩证关系与"道"与"义"的辩证关系放在一起讨论,提出"志主道而义主气"[5],他这样解释"道"与"义"的内外关系:"天

1.《四书训义》(下),《船山全书》(第8册),第187—188页。
2.《四书训义》(下),《船山全书》(第8册),第173页。
3.《四书训义》(下),《船山全书》(第8册),第188页。
4.《四书训义》(下),《船山全书》(第8册),第187—189页。
5.《读四书大全说》,《船山全书》(第6册),第923页。

下固有之理谓之道，吾心所以宰制乎天下者谓之义。道自在天地之间，人且合将去，义则正所以合者也。均自人而言之，则现成之理，因事物而著于心者道也；事之至前，其道隐而不可见，乃以吾心之制，裁度以求道之中者义也。"这是说"道"是天下现成之理，"义"则是事情到来时，处理事情的内心之裁断，即是必须发挥人的主观能动性，才能以求中于道，所以人合于道、中于道不是轻易能达到的。"道"与"义"的关系勉强套用现代人的说法就是普遍性与特殊性的关系，而每一事都是具体的、个别的，普遍性正寓于一个个具体的特殊性之中，也就是宋明理学所说的"理一分殊"。

明了"道"与"义"的关系，则可明了"志主道"："故道者，正吾志者也。志于道而以道正其志，则志有所持也。盖心，始终一揆者也，处乎静以待物。道有一成之则而统乎大，故志可与之相守。"[1]志于道，处于静之心志才有所持。"志主道"与"义主气"是一体的："义散见而日新，道居静而体一也。故孔子言'志于道'，而孟子'以集义'为养气之功。志主道而义主气，明矣。"[2]这是说义是处理具体事情时的裁断，不同于"道"之居于静而为体之一，义是散见而日新，故义主气，气不以义动则馁，气从义生。义是日生的，日生则"一事之义只了一事之用"，必须积集，而后"所行之无非义"。气也是日生的，"一段气止担当得一事"，无以继之则又馁。所以要集义以养之，则"义日充而气因以无衰王之间隙"，然后欲成其浩然之气，则无往而不浩然[3]。故浩然之气与立志皆非空言，而是日日遇事裁断的集义而养气，持续无间断、一刻不能放松的"积小以大，由著彻微"的累积功夫。所立、所持之志贯穿于日

1.《读四书大全说》，《船山全书》（第6册），第929页。
2.《读四书大全说》，《船山全书》（第6册），第925页。
3.《读四书大全说》，《船山全书》（第6册），第929—930页。

日之事中，才不是空虚而不落实之志，而浩然之气也才可以"日与天下相接于吉凶生死之途而无所惧矣"[1]。

心、气与志三者之间的辩证关系是："求气者，求之义也；求义之所生之气者，求之心也。心不与义离，义不与心离，而心即不与气离。"[2]今天的"志气"、"心气"这两个词正道出了气离不开心（心不立，则心气也就没有），离不开志（没有立志，就没有志气的产生），志即是心之用。

（二）志、量、识："志如其量，量如其识"

船山言"持志"时，经常将它与"量"、"识"连着说，如谓"志如其量，量如其识"[3]，这句话道出了三者的一体性。"量"为"心量"，有心则有量——"心之所规者有并生并育之弘量"；有志则有量——"志于善则不可量"，"有志者，其量以远"，而持志乃是"纯一于善"，故此心量为"善之量"[4]。船山强调"善之量"之充实、涵容、扩展而"周乎远大"[5]，要能"及于天下"[6]，"包涵四海为量"[7]，这也称为"大人之心量"："大人者，守其心之体以充乎心之量。"[8]也就是《大学》所言明明德、亲民，最后必得"止于至善"，以至善为心量。与此相较，政治实践中平常可见的是以功利为量，这是船山所极力批判的，其以之为小，量小而堪大则必折。船山一方面说"善之量，施之天下而不见大"，同时又说"尽之一身而不见小"[9]，是因为善之量完

1.《读四书大全说》，《船山全书》（第 6 册），第 923—924 页。
2.《四书训义》（下），《船山全书》（第 8 册），第 192 页。
3.《四书训义》（下），《船山全书》（第 8 册），第 164 页。
4.《四书训义》（下），《船山全书》（第 8 册），第 500 页。
5.《四书训义》（下），《船山全书》（第 8 册），第 103 页。
6.《四书训义》（下），《船山全书》（第 8 册），第 284 页。
7.《四书训义》（下），《船山全书》（第 8 册），第 101 页。
8.《四书训义》（下），《船山全书》（第 8 册），第 501 页。
9.《四书训义》（下），《船山全书》（第 8 册），第 837 页。

全是求诸己，内重而外轻，由内、由己而发，而非外求，这也区别于以功利为量。

船山对于"善"与"至善"的诠释之精义特别值得重视，他是将二者释为"处焉而宜"与"皆得咸宜"，强调行为的结果，他说："何以谓之德？行焉而得之谓也。何以谓之善？处焉而宜之谓也。何以谓之至善？皆得咸宜之谓也。不行胡得？不处胡宜？则君子之所谓知者，吾心喜怒哀乐之节，万物是非得失之几，诚明于心而不昧之谓尔。非君子有异教也，人之所以为人，不能离乎君民亲友以为道，则亦不能舍夫人官物曲以尽道，其固然也。"[1]

心量还有一层涵容即包容之意亦值得注意，此又可析为二：其一则是刚刚述及的包涵天下，以善为量的大人之心量，这可谓是至为积极、主动义，求之在己；其二则涉及到与严以求己同时的另一面，即宽以恕人，包容天下人事，涵容错综复杂，以及不为一时之是非、得失、利害而或激或随，而能忍受，有从容、弘远，俟而转化于无形。涵容之二义亦可谓其一为刚，其二为柔。两层缺一不可，即是坚持而有涵容。

船山强调心量之发而为大用。故心量在船山的诠释下并不玄虚，而是充实，可体现于经国大事，亦可体现于日常的做事上，心量有多大，事就有多大，有包涵天下之量而后才有天下之事，事之大成而又能久亦在心量之持。

心量之包涵天下，善之量之施之于天下自然是政治的问题，"量"亦如"持志定"一样实实在在地把心性与政治实践内在关联起来。

船山的心性之学要讲"志"与"量"的配合，还要与"识"的配

---

1. 王夫之《礼记章句》，《船山全书》（第 4 册），第 1471 页。

合，识是识见、见识，不是一般之见识，而是"识其善恶"[1]之识，"择善之识"[2]。"识"也即是致知之"知"："推极吾之知识，欲其所知无不尽也。"[3]也就是知止于至善："于天下之物无不知明而处当，是之谓至善。"[4]

善乃贯穿于对志、量、识三者之规定，志是志于善，量是善之量，识则是择善之识。而善是"处焉而宜"，志、量、识三者都完全不能脱离行为的结果来考虑。如此，船山的心性之学彻底将内圣与外王贯通无疑，迥出众宋明理学家之上。

"志"、"量"、"识"三者合为一体，方为心性之学完整地落实于政治实践，船山说："夫人志如其量，量如其识。君子上溯千古，俯观当代，有所必为，有不屑为，其量大，其识宏也。"[5]志、量、识三者之间有层层顺承之关系：有含性之善，持志而纯一以善之心志，则有大人的包涵天下的善之心量，有善之心量则有宏远的择善之识，三者合而言之，则统为心之全体，统为一善。分而言之则分有必分：有持志之定（定向、纯一），量之函受，亦不可没有向外之"识"（志、量与识一样，都由"处焉而宜"之善所规定，均由内向外，合内外为一）之通，船山亦将此"识"称为"通识"，是能"上溯千古，俯观当代"，通古今之变，有通识而后才有真正的政治决断。船山强调内外交尽，才能达到"皆得咸宜"之至善："知止至善，内尽其心、意、知之功，而外穷物理，善乃至也。心意不妄而物理未穷，虽善而不至。"[6]

志、量、识三者，船山一方面强调志是首要的，志是方向、主宰，志决定量，量因于志，船山说："夫人品量之不齐，相去亦悬绝

1.《礼记章句》，《船山全书》（第 4 册），第 1472 页。
2.《四书训义》（下），《船山全书》（第 8 册），第 223 页。
3.《礼记章句》，《船山全书》（第 4 册），第 1472 页。
4.《礼记章句》，《船山全书》（第 4 册），第 1482 页。
5.《四书训义》（下），《船山全书》（第 8 册），第 164 页。
6.《礼记章句》，《船山全书》（第 4 册），第 1473 页。

矣。而品定于量，量因于志，莫不自其居心制行而定焉。"[1]故"志量"又合称，船山说："故人品之大小之不齐无他，唯其志量而已。"[2]志也决定了学识，"志定而学乃益"。

　　船山另一面又将"志量识"的顺序逆过来，强调有"识"而后有"量"，有持志定："夫人大小之分，而高下殊焉。存乎其量而已矣。然必有其识而后有其量……惟其识之大，故成乎量之弘；惟其持之平日者定，故其处之一日也安。"[3]"识"与"量"合称为"识量"。就顺着而言，有心量之大而后有识之宏，心量决定着识的规模不断扩充而无止境。但反过来来说，若没有识的不断扩展，则量就有虚而不充满之虞，或许可以形象的说法来描述，没有"识"这一物来充满，量就只是空的容器，所以说作为"志"与"识"二者中间的"量"之能大，既因于"志"，亦取决于"识"。若心量之大以能涵容天下为量，以止于至善为量，而非安于一曲、一偏之善，则在识上的要求就不是轻易的，而要求规模不断扩展、累积的致知穷理之功夫，要能上溯千古，俯视当代。识决定了量，识是否通，是否弘远，影响到量能不能容而大。假如识是窄的，只见一时利害而无远虑之明，则心量自然不弘远，很容易为利害所动摇而志不能定；又或只是简单一正，以为可以一正正天下万物，则心量也自然窄而不能正物。识量大则涵受天下而从容不迫，无不可受，而终不为之摇。识反过来或扩展或窄化了心量，所以从这一层面言，识的位置又不是后于"量"的。故船山亦强调识决定量，强调识大而后成心量之弘。船山说"研几审理，终其身而无可辍也"，政治家需终身学习而不辍，如此才能持志定，处理事事皆能得宜而合中正之道。

1.《四书训义》（下），《船山全书》（第8册），第853页。
2.《四书训义》（下），《船山全书》（第8册），第855页。
3.《四书训义》（下），《船山全书》（第8册），第839页。

识也影响了志，在道理上真正认识彻底、通透了，对于志的持守就更能坚信不动摇，即"持志定"。信既出自人的本然、内在之心性，同时又将此信建立于知的基础上，信与知、尊德性与道问学乃合一。如只是有志，而识上不到，没有在理上的通识，单纯的志本身就可能出现不坚定而动摇。同样不可忽视的是，通过不断的致知穷理，理上认识到了，但事到临头，面临决断时，若志之不至，志临时不自信，有怀疑、犹豫、动摇而不能持，则最终也不能达到决断而处事得宜，即"善"之效果。所以志与识之间充分体现了交互影响、缺一不可的关系。此非空言可及，非得有历练者方能真正体会到志与识之间的互相不可或缺的精妙关系。

总之，志、量、识三者之间是交互作用、影响的关系，强调互相作用、互为体用是船山思想的特点；志、量、识三者之规定又由善而贯通，志乃志于善，量乃善之量，识乃择善之识，善为"处焉而宜"，强调处事最适宜的结果，故船山之以志、量、识言心性之学，由内而外，内外完全一体，将内圣与外王彻底贯通无疑。

二、心与术：有心则有术与术不在心之外

常人易疑心性贯之于政治实践为迂阔无用，以为政治当靠法家及其术（权术、谋术）方收成效。船山力辟此点，指出"有其心而术固具其中也"[1]，有心则有政，如此心性应之于政治实践才有其实，这也是船山心性落实于政治之实处的一部分。

船山对于心与术的关系的论述，主要集中于他对孟子见梁惠王言不忍之心、言王政之诠释上。他指出"术"是"心之所生"，故"统名

1.《读四书大全说》，《船山全书》（第6册），第901—902页。

之曰心"，这是将"术"也归为"心"。船山强调"术"之紧要："有不忍人物之心，须有其术，方可行王道，成王业"，"心无术，则欲成王业而必穷"[1]，"无其术，则虽有其心而功不至也"[2]。此要紧之"术"是什么呢？船山诠释为是四通八达之"道"："术者，道也，是四通八达之道。《月令》'审端经术'中的'术'字，原不但作变通说，乃仁中所自有之周行，千条万绪处处逢源者也。"[3]只有对于术为仁中自有的四通八达、处处逢源的道路的精微之解释，方可去除常人理解的术之尽为权谋、阴谋之狭窄、阴暗见不得人，而为人在道德上鄙视，在行动上又不得不然之两难困境。

"术"既为仁中自然有的四通八达之大道，但人们为何有大道而不走呢？船山指出人"初心易见，仁术难知，仁中自有之术固难知也"[4]，他剖析了人们何以难知仁中自有之术，以及怀疑仁对于定天下、王天下为迂缓而无效之心理：

> 保民而王天下，其道唯仁而已矣。仁者，人所固有不忍人之心也。因此不忍之心而推之以及于事，则为仁政。此不忍之心，自非牿亡沦尽者，皆有所发见。乃发矣，而或不能自知；知之而或若有所阻，而不能推行以尽其用；则唯不知此不忍之心原有广大深远之术，应念而起，即随念而具，遂疑夫仁为柔和迂缓之德，而当天下未定之际，求以遂吾并八荒、吞六合之大欲，不如亟伯功以致富强、力争战之为有效。则是行仁且废王业，而图王伯者不容舍见在之功名而反求之于本。岂仁政与伯王两不并立乎？而疑其相妨邪？呜呼！苟有是心，则术自足焉。[5]

1.《四书笺解》，《船山全书》（第6册），第273页。
2.《读四书大全说》，《船山全书》（第6册），第906页。
3.《读四书大全说》，《船山全书》（第6册），第901页。
4.《读四书大全说》，《船山全书》（第6册），第901页。
5.《四书训义》（下），《船山全书》（第8册），第67—68页。

　　人人固有的不忍之心发出、推扩到事上就是仁政,人们对于自己本有的不忍之心之向外生发,或发而不能自知,或知之而疑惑不自信,若有所掣肘、阻隔,因而不能做到充分推扩以尽其用,这都是因为不自知不忍之心原本具有广大深远之术,术应心念而生起,即随念而具足,"有一念之仁,则必有一事之仁相为始终",船山辟所谓平天下、富强、争战靠法家,而儒家在这方面无所作为,安天下才需要儒家之说,他指出行仁政并不妨碍霸王之业,有心的话,术则自足,"心一动,而术即全运于掌上矣",仁之中具有"广大变通之用"。百姓不知"术之所以成乎仁",为政者也未必知"仁之有其术",船山乃强调"术不在仁之外",不是说有专门的"术"单独在"仁"之外,而是"仁正全于术之中"。此术乃是"人心必有之术",也即是"千圣百王所曲畅旁通成功允之术也"[1]船山因而既把人所不自知的仁中自有之术揭示出来,同时又把仁本身所有之术反过来对于仁的成全的这一面也揭明出来,给予了术与心一样的不可或缺的位置,只不过此术就不是外在、单独、纯粹的专门之术,而是"仁术",是人心必有之术。

　　人之不忍之心只要令其"直行而无所碍",则不管是"为生为杀,为心为事","全具一自然之条理,以妙成乎大用"。心之动、外发而成事之"条理"从而成大用这点亦甚重要,船山对此更进一步讨论到:"此心一动,引而伸之,即奉之为则而不过。……心止一几,而推之则无穷之术在。故于恻隐内发之际,不失吾至性之真,则此心中为条为理,以使物无不被其泽者,以保四海而足。如其不推也,则一念起而即于一念止。……一心之仁生而有术以成其所为,于此而度物之情,揆之事理,曲尽其善以推之而已。推则无不及也,无不至

1.《四书训义》(下),《船山全书》(第8册),第72页。

也。"[1]由至性不忍之心而动,则处事成条理,得义而合于中道,无过无不及,要能达到此效果,又离不开心之由内而外、由近而及远的推扩;推之则无穷之术在,而推扩时又要能考虑到具体的情理而曲尽其善,即是"曲畅旁通成功成允之术",一"曲"字,一"旁"字表明推扩不是纯用刚,而是有恕道,而心之发则可谓是尽心之忠道。

以应天下是否本于心作为标准,圣贤之学与功名之士在此判然分别,圣贤之学,"出以应天下者,皆原本于一心",而功名之士"无本而苟于自见","乃使涉当世是非得失之繁而不胜其忧疑"[2]。圣贤之学能持志定,志如其量,量如其识,则能以纯一之心应对是非得失之繁,正如船山所云:"非天下之至纯者,不能行乎天下之至杂。不足以纯而欲试之以杂,则不贤人之知能而已矣……霸者之术亦王者之所知,而王道规其全,则时出为事功,而无损于王者之业……天下无有余,不足而已矣;无过也,不及而已矣。撰之全,斯体之纯。体之纯,斯用之可杂。"[3]船山在此强调王者知霸者之术而更全,在别处则批评霸者功利之术兴,而天下终莫能定。

船山进而批评功名之士"迷其本心之术,以局于卑陋,而不规其远大……则有心而失其本心,有术而忘其善术"[4]。船山对于儒家之术与法家、功名之士之术的辨析至为精微而紧要。他强调心本身有无穷之术,"心者术之本"[5],"心体之宏而心用之大"[6]。由此也区分出自本心之术与功名之士无本之术之卑陋而不能远大。船山这一辨析之冲击力足以让人重新思考儒家以及心性之全体大用,而不

1.《四书训义》(下),《船山全书》(第 8 册),第 76 页。
2.《四书训义》(下),《船山全书》(第 8 册),第 181 页。
3.《周易外传》,《船山全书》(第 1 册),第 987—988 页。
4.《周易外传》,《船山全书》(第 1 册),第 78—79 页。
5.《四书训义》(下),《船山全书》(第 8 册),第 82 页。
6.《四书训义》(下),《船山全书》(第 8 册),第 86 页。

是将之割让给法家以及功名之士。

既"有心而失其本心，有术而忘其善术"，则亦有自反，船山曰："反而求之，王之心自足也，心之术自足也……王之心无不足者，仁也。仁之中所自有之术者，政也。有其心，则必有其术，推之而术生。"[1]政治由规之近小、局于卑陋到规模之远大的转变，在于有自反之心，心影响政治不可谓不大。

船山言"有其心，则必有其术"，至于"广为仁之术"，船山认为一方面是通过养心，尽心而能广其术，而"养心之功则在遏欲存理、静存动察之学"；另一方面广术之功在于"学问思辨、格物穷理之事"[2]，这也就是前述志、量、识尤其是识时，船山所说"研几审理，终其身而无可辍也"，政治家须终身学习而不辍，如此才能"术自无不得其宜"[3]，处理事事皆能得其宜而合中正之道。

心能生术，船山又揭示了术与心的辩证关系的另一面：术能易心。心有其术，则上智者当"尽其心以行其政"；术能易心，则下愚者当"正其术以养其心"。心与术原本就是一体的，心之外无所谓术，所以既可以尽心以广其术，也可以因术以善其心[4]。

船山对心与术、心与政之关系讲得周匝细密。缺少对心中自有术的辨析，则心性贯之于实际政治的思路终是残缺的，如此就有或陷于道德理想主义的弊病，或陷于法家无本之术的危险。

1.《四书训义》（下），《船山全书》（第 8 册），第 81 页。
2.《读四书大全说》，《船山全书》（第 6 册），第 903 页。
3.《读四书大全说》，《船山全书》（第 6 册），第 949 页。
4.《读四书大全说》，《船山全书》（第 6 册），第 949 页。

三、心性落实于政治实践在史论《读通鉴论》、《宋论》中的贯穿

　　以上考察了船山在其经解中提出"志如其量，量如其识"，以及"心有广大深远之术"，这使得心性之学变得落实，而能通向政治实践，达到"处焉而宜"之善，即政治之善。在其诠释下，志、量、识与政治实践、政治之善是一贯的，心与术是一贯的。接下来则从船山去世前一年才完成的史论《读通鉴论》、《宋论》来看心性之学与政治实践、政治之善的结合，即是讨论他将落实于政治实践、与政治之善的心性之学贯穿于对于具体而纷繁复杂的政治史、政治人事的分析之中。经简而史繁，由船山之史论更能看出心性之学落实于政治实践、与政治之善的张力的展开与充实，从中见"志、量、识"对于历史尤其是政治史的解释力。经学与史论二者在船山那里是互相交融、互相贯穿的，释经时史论在其中，而史论的依据则是经义，经史的合一背后也是理与势的合一。经学的解释与历史的解释在船山之前的宋明理学家那里，原来实际上是打成两截的，只有到船山那里才真正一贯。《读通鉴论》、《宋论》对于政治、历史的评论贯穿了其心性之学与理势观。

　　宋明理学发展到船山，心性之学才真正能落实于政治实践。同样也可谓以心性、天理来真正有效地解释实际的历史，亦是到船山这里才成功的。

　　船山迟至晚岁才著史，乃是其研几精义，从其对于历史、对于政治人事之解释之分寸感，可见其功夫的精微以及中道，而其采用史论之形式，乃是基于历史不只是事实，而同时是解释，或者说事实与解释是一贯的，而不是二物。船山晚岁著史论之总体之精神乃契合于孔子晚岁之修《春秋》。

由于船山史论之特点不在于史事之考证，而全在于对于史事极尽精义入神之论，故如其解经一样，精微曲折，往往一字一句都不可轻忽，非观其全文则无以见其精微，但限于篇幅，对船山史论之文字不能过多征引，只能以概述为主。

（一）"心"与"持志"在政治中、历史中

船山在《读通鉴论》"叙论"中说："治之所资者，一心而已矣。以心御政，则凡政皆可以宜民。"[1]其说贯穿于全书中，也贯穿于其另一部史论《宋论》之中。

两汉、唐、宋、明的开国者，在船山看来，都是"继天立极"者而大有功于生民，他论析唐、宋之得天下乃是完全源于"心"。

船山论南朝宋安帝时的李暠之后代唐高祖李渊兴于唐，而证明天道之在人心。《周易》曰："履信思乎顺，是以自天祐之，吉无不利。"船山分析人们并不是喜好疑诈而与人相逆，而是爱憎之情不正而乱其心，从而背离其初心，心不能以自保而弃信。船山精微地辨析爱憎不是顺物，而是"求物之顺己"，如此则对待顺己之赏、逆己者之罚都有过之处："顺己者，爱之而赏滥；逆己者，憎之而罚滥；罚滥既已大伤乎人心，赏滥则得者自诧其邀取之工而不以为恩，不得者抱怏邑以不平者积矣。"所以说履信思顺，"不求之物理，而但求之吾情；知吾情之非物理，而物理在矣"。李暠告诫他的几个儿子："从政者审慎赏罚，勿任爱憎，折狱必和颜任理，用人无间于新旧，计近不足，经远有余。"李暠之说显示其能"内求之好恶之萌以治其心，与天相顺，循物以信"，船山赞扬李暠是三代以下不多之君子，李暠以偏方割据之雄，能自求以求福，推扩此心，则可以"创业垂统、贻百世之休矣"，由此其后代李渊兴于唐，"求治理而本诸心"，昧者以为迂

1.《读通鉴论》，第 956 页。

腐，船山感叹三代《诗经》、《尚书》所言，"岂欺我哉"；天道之在人心，"非君子徒为之说以诱人于善也"，而是真有其实而不虚。

船山进一步从任爱憎这一角度来概括政治中最容易犯的"综核"与"宽大"之两失："言综核者任憎也，世之言法者尽此耳；言宽大者任爱也，世之言恩者尽此耳。法近义，而非义以妨仁；恩近仁，而非仁以害义。"历史上秦政以刚而亡，汉元帝以柔而召乱，二者非仁义，也不是法，不是恩，而是"任爱而淫，任憎而戾"。船山强调三代之王者，不立治天下之术，而急于学，学是为了"克此心之爱憎而已矣"。李暠则未尝学，而冥合于道，船山说："学岂以文哉？"梁武帝、陈后主，读书不可谓不多，但却亡国，二人之"求之物而不求之己"，船山强调李暠虽未学，"吾必谓之学矣"，从而"一心得御，而太和之气归之，贻尔后昆于无穷"，船山再次感慨"勿谓三代以下无其人也"[1]，此乃是针对宋明理学以三代以下无足观之高论。

"有唐三百载之祚，高祖一念之慎为之"，船山此论发人所未发，他看到世人以为天之理不易知，人之心不易信，而"失之者恒以躁"。唐高祖在天下群起反抗隋炀帝暴政，天下分崩瓦解之时，"敛意卑伏而不遽起"。船山对李渊坚忍自持，慎之又慎，俟之又俟之的心念、行为作了细致而传神的分析。高祖"不贪天方动之几，不乘人妄动之气"，则"天与人交应而不违"。世人都容易将唐之得天下归之于秦王李世民之勇略有为，而船山认为高祖慎重之心"持之固，养之深"，从而能顺应天理、契合人情，合于道而行，"有以折群雄之躁妄，绥民志于来苏"，远非秦王李世民可及。

没有船山之精辟入里之分析，人们会误以李世民为夺天之伟功，以力、以小智为成败得失兴亡之关键。于是世人皆逞力而为，不知其不明道、不得道而终不能功成名遂。船山之卓识揭示出历史运

1.《读通鉴论》，第397—398页。

行之最精微处，也即"究天人之际"之"际"所在。他一再论及天与人之交应，认为唐高祖之静审天人之几可接近于《易》、《诗》、《书》等经书所载商汤、周武之"行法以俟命"[1]。

　　船山将北宋之兴与之前商、周帝王之受命以德，汉、唐以功作比较，宋既无积累之仁，又无拨乱之绩，宋太祖较之同样篡夺的曹操之扫黄巾、诛董卓，刘裕之俘后秦姚泓、诛乱臣桓玄，不及百分之一，但考察他受"如狂之乱卒"推拥而弋获天下大位之后"降德于民以靖祸乱"之行事，诸如"兵不血刃而三方夷，刑不姑试而悍将服，无旧学之甘盘而文教兴，染掠杀之余风而宽仁布"，则"固宜为天下之君"。船山认为宋之君天下，都是"天所旦夕陟降于宋祖之心而启迪之"，船山形象地描述上天对于太祖之启迪、保佑："启之、牖之、鼓之、舞之，俾其耳目心思之牖，如披云雾而见青霄者，孰为为之邪？非殷勤佑启于形声之表者，日勤上帝之提撕，而遽能然邪！佑之者，天也；承其佑者，人也。于天之佑，可以见天心；于人之承，可以知天德矣。"

　　天所降于太祖之心是什么呢？是"惧"。宋太祖能最终一统天下，而宋朝在传世百年时达到世人所称的盛治，原因也正在于"惧"，在于"太祖之心为之也"。"惧"是"恻悱不容自宁之心"，它"勃然而猝兴，怵然而不昧"，乃"上天不测之神震动于幽隐，莫之喻而不可解者也。"船山剖析太祖之惧：太祖"权不重，故不敢以兵威劫远人；望不隆，故不敢以诛夷待勋旧；学不夙，故不敢以智慧轻儒素；恩不洽，故不敢以苛法督吏民"。惧之效果则是："惧以生慎，慎以生俭，俭以生慈，慈以生和，和以生文。"从而自唐光启以来，百年嚣陵噬搏之气，"浸衰浸微，以消释于无形"。

1.《读通鉴论》，第571—573页。

太祖虽无赫赫之功而能不自废，无积累之仁而能不自暴，所以他"承天之佑，战战栗栗，持志于中，而不自溢"[1]，故其宜为天下之君就是必然的了。

船山将宋太祖与文景之治、贞观之治作比较、辨析，批评汉文帝、汉景帝、唐太宗有老子之术，"既机深而事必诡"；有霸者"假仁之美而著于外"，其实是"德薄而道必穷"。而宋太祖则没有老子、霸者之病，船山如此评价太祖之由心而发为仁政而除去五代残暴之习："怵于天命之不恒，感于民劳之已极，其所为厚柴氏、礼降王，行赈贷、禁淫刑，增俸禄、尚儒素者，一监于夷狄盗贼毒民侮士之习，行其心之所不安，渐损渐除，而苏其喘息。"太祖除五代之弊害乃有渐而不操切，船山进而更精微地指出太祖为政"抑未尝汲汲然求利以兴、求病以去，贸愚氓之愉快于一朝，以不恤其久远"，太祖之心乃"无机也，无袭也"，他视乎力之可行者，从容利导，而"不尸自尧自舜之名，以矜其美，而刻责于人"。太祖之治最终的成效是："天下丝纷之情，优游而就绪；瓦解之势，渐次以即安"，其治庶几达到孔子所说"善人为邦百年，可以胜残去杀"。船山认为这没有别的原因，就是太祖之有善，"皆因心者也"。心之效则是："惟心之绪，引之而愈长；惟心之忧，出之而不妄"，原因是"心之所居者本无纷歧，而行之自简也"[2]。

太祖"一人之泽，施及百年"，太祖之一统天下及其后世百年达到盛治，在船山看来没有别的原因，完全是出自其"心"、其"持志"。

船山也以"持志定"来贯穿对于东汉光武帝刘秀对待刘盆子

1.《宋论》，《船山全书》（第11册），第19—21页。
2.《宋论》，《船山全书》（第11册），第48页。

之请降这段史事的评论。赤眉军刘盆子十几万众为光武帝所围，刘盆子请降，问："盆子将百万众降，陛下何以待之？"光武帝回答是："待以不死耳。"此时光武帝初定洛阳，天下寇盗林立，光武帝一言而折刘盆子觊觎之心，船山赞扬道："大哉言乎！理正而法明，量弘而志定，无苟且求安之情，则威信伸而乱贼之胆已慑，天下之宁也必矣。诗云：'我徂惟求定。'定者，非一旦之定也。志惟求定，未定而不以为忧，将定而不以为喜，所以求之者，持之心者定也。"[1]"持志定"而不苟且求安，则最终安定天下就是必然的了。

北宋亡后，金人立张邦昌为帝，召集百官，四周列布士兵以威胁百官推戴张邦昌，众人唯唯，独有监察御史马伸奋然曰："吾职谏争，忍坐视乎！"马伸于张邦昌之僭立，一而再再而三上申状以请复辟，迎时为康王的赵构（即宋高宗）即位，张邦昌惧而从之。船山又是以持志、志至气充来评论这段史事。马伸对于逆臣、狡虏无所畏惧，对于张邦昌身边助逆的群小无所担忧，"志至气充，不知有死，而死亦终弗及焉"，士如果有志，则"昭昭然揭日月而行之"。

船山分析马伸上申状时实处于死地："忤邦昌者，死地也。邦昌之从己而避位，非伸之所取必者也。岂有人方求为天子，而助逆者又进骑虎之说以怵之，可以笔舌力争夺其尊富哉？故曰死地也。"此时稍一犹豫，就会姑且隐忍。而马伸却能"以死为心，以成败委命，以纲常名义自任，而不求助于人"，如此"则亦何不可揭日月以行，而言犹嚅嗫乎？"

众人皆知张邦昌不可推戴为君，却嚅嗫不敢言，若有所阻隔而不得吐露，原因正在于无志、气不充，船山剖析道："夫人之于义也，岂患不知哉？患无其志耳。抑徒患其志之不存哉？患其气之不充

1.《读通鉴论》，第717页。

耳。邦昌之不可帝也，天子之不可听女直立也，为宋之臣民不可戴邦昌为君也，夫人而知之，夫人而亦有其心矣。若有所覆而不得露，若有所掣而不得舒，若有所隔而不得吐，皆气不胜也。故持其志者，以气配义，而志乃伸。"[1]持志定、志至气充在国家处于存亡之际就显示出决定性的力量。

（二）"量"在政治中、历史中

船山以"心量"来评论五代骁勇善战的李存勖胜败之原因。参之于项羽，项羽之量止于一胜之威而不可以持败，李存勖可以忍败而量不足以受胜；又参之于汉高祖之量能持败，宋太祖之量能持胜，船山强调成而不倾，败而不亡，"存乎量之所持而已，智非所及也"。量为心之体，智为心之用。用是用其体，体不定，则用不足以行；体不定而用或有所当，"惟其机也"。就机而言，"机者发而可中，而不足以持久，虽成必败，苟败必亡"，所以说成而不倾，败而不亡，不是智所能及的。项羽、李存勖战而必胜，犯大敌而不挠，不只是其勇，"知机之捷亦智矣"，然而最终倾亡的原因，"岂智之遽穷乎？智则未有不穷者也"。

项羽不足以持败，一摧折于垓下之战，就愤恚失守而自刭，船山分析是项羽"量不足以胜之也"。假使项羽能戢悻悻之怒，渡江东以为后图，收余众，东山再起而与汉角死力，则汉"亦疲矣"。而项羽不能做到，"量止于一胜之威"，败出于意外而不能自固。项羽可以居胜而不可以持败，故败则必亡。李存勖可以忍败，而不足以处胜，故胜则必倾，二人最后的结局是一样的。李存勖手下大将李嗣源为存勖定攻入后梁都城汴京之策，当灭了后梁朱友贞，一入

1.《宋论》，《船山全书》（第 11 册），第 211—213 页。

汴京，存勖就以头触嗣源曰："天下与尔共之。"存勖最终为嗣源所迫，身死国亡，船山分析存勖是"量不足以受之也"。假使存勖能忍沾沾之喜，能够从容论功而行赏，人且喻于君臣之义，虽立有大功，亦是分谊所当尽，嗣源虽挟不轨之心，也没有人为之效命，嗣源自然会收敛其雄心而俯首听命。而存勖不能做到，"量尽于争战之中"，胜出于意外而不能自抑。

汉高祖一败再败，孤身一人逃跑，却能做到"神不为怵"，故项羽终屈其难折之锋。宋太祖端居汴京，派大将曹彬率兵下江南，收复六十余年割据不服数千里之疆土，宋太祖不轻授曹彬以节度使、宰相之官职，故功臣终能安于臣节而天下定。船山于是总结成大业者，在量而不在智。量者，"定体于恒者也"，"体定于百年之长虑，而后机不失于俄顷之利钝"；相反，"忧喜变迁，须臾不制，转念知非，而势已成乎莫挽，唯定体之不立故也"，败则唯死而已，胜则骄淫侈靡，项羽、李存勖以倾败告终，正是由此而决定的。

船山强调生与死、成与败，皆为理势之必有，相为圜转而不可测。既然是以身任天下，则死与败，非意外之凶危；生与成，抑固然之筹画。生死成败之间存在互相转化的辩证关系：生而知其或死，则死而知其固可以生；败而知有可成，则成而抑思其且可以败，如此则"生死死生，成败败成，流转于时势，而皆有量以受之"，船山譬喻为如丸善走，不能逾越于盘中。人有量以受之，则其不动如山，决机如水，此所谓守气，气守而心不动，乃以"得百里之地而觐诸侯、有天下，传世长久而不危"。这岂徒介然之勇，再鼓而衰之不足恃。智足以制胜，而俄顷之间，"大忧大喜之所乘，声音笑貌传其摇荡无主之衷，倾败即成乎莫挽"。豪杰与凡夫的大分别也在于此[1]。

1.《读通鉴论》，第891—892页。

儒者范仲淹历来为世人所称道，其"以天下为己任，其志也。任之力，则忧之亟"，船山却独到、发人深省地从"量"的角度批评他不善用其长。范仲淹善用者反而是其短，他镇守西北边关时因为军事为其之短，故"无徼功之计，而致谨于缮修自固之中策"，也正"唯其短也，而善用之"，所以能终保西陲而困元昊于一隅。其回到朝中主政时则相反，"唯其长也，而亟用之"，其"执国柄以总庶务，则好善恶恶之性，不能以纤芥容，而亟议更张；裁幸滥，核考课，抑词赋，兴策问，替任子，综核名实，繁立科条"，无一不是以其心计之有余，乐用之而不倦，使得宋太祖以来百年安静之天下，"人挟怀来以求试"，以后几朝之纷纭乱，都是自此而开启，反而不如其守边之静镇而边关赖之以安。

船山精微地剖析了才与量以及量在内有余与向外不足的关系："人之不能有全才也，唯其才之有所独优也。才之所规，遂成乎量。才所独优，而规之以为量，则量穷于所规，规之内有余，而规之外不足。"进而又从才与学的关系申论才优反而有可能伤物："夫才之所优，而学亦乐赴乎其途；才既优之，学且资之，喜怒亦因之而不可遏。喜怒既行，而物之不伤者鲜矣。"又有谁知道不足者有所敬畏——"上怵心于天时，下增疑于物理"，能止于其分，不以一己有余之心加于物，而是谨以待物之至，能应时，顺事物之情理，听其自然的发展，从而可受益于人，而量固未尝不弘远。相反，有余者"求盈于所规之外，治之而适以纷之"。船山批评范仲淹"忧之已急，虑之已审，乃使纤曲脂韦之士，得依附以售其术，固自天下己任之日，极其量而不得有余矣"。

船山还从才不足自能敬、简，而才有余则不能的角度来讨论心量："苟为君子，则必知所敬矣。才所不足，敬自至焉。才所有余，不觉其敬之弛也。唯其敬也，是以简也。才所有余者，欲简而不能。才所不足者,欲不简而不得。简之必敬,敬则不容不简。"船山批评为人所称道的范仲淹之改革恰是宋乱之始,而这都是范仲淹缜密之才与好善恶恶之量所造成的,所以缜密多知之才,尤为君子之所当慎用。船山认为,天下不以用所长而成乎悔吝的,周公而后未见其人[1]。船山史论之精义足以让后世才学在身又以天下为己任的儒者深思而自省。

(三)、"识"以及"志量识"在政治中、历史中

针对人所乐道的士人上书陈利病,希望皇帝能听而行之,船山言人所不能言,独到而精微地分析上书陈利病的种种不同情况,而认为在"无一言之足听"方面都是一样的。北宋真宗咸平初任平章政事的李沆自言:"居位无补,唯中外所陈利害,一切报罢,可以报国。"这一让人吃惊的非常之言因而为船山所大加赞赏:"一人之识,四海之藏。非有道者,孰能不惊于所创闻而生其疑虑哉?"所谓大臣乃是"以道事君",而李沆之识可称得上大臣,船山将"志量识"与大臣联系在一起:"道者安民以定国,至正之经也。秉道以宅心而识乃弘,识唯其弘而志以定,志定而断以成,断成而气以静,气静而量乃可函受天下而不迫。天下皆函受于识量之中,无不可受也,而终不为之摇也。"[2]天下皆函受于李沆一人的识量之中。

中国政治之要义在于知人、用人,而自古以来知人就难,唐狄仁杰擅于知人、用人而复李唐之宗社,船山评析狄仁杰识人在于观人之器量、志、识:

> 知人之哲,其难久矣。狄公之知张柬之、敬晖,付以唐之宗社,何以知其胜任哉?夫人所就之业,视其器之所堪;器之所堪,

1.《宋论》,《船山全书》(第11册),第128—131页。
2.《宋论》,《船山全书》(第11册),第84—86页。

视其量之所函；量之所函，视其志之所持。志不能持者，虽志于善而易以动，志易动，则纤芥之得失可否一触其情，而气以勃兴，识以之而不及远，才以之而不及大，苟有可见其功名，即规以为量，事溢于量，则张皇而畏缩，若此者，授之以大，而枵然不给，所必然矣。

夫以宗社之沦亡，而女主宣淫，奸邪窥伺，嗣君幽暗，刑杀横流，天下延颈企踵以望光复，此亦最易动之情矣。则欲立拔起之功，以反阴霾之日月，似非锐于进取者不能。狄公公门多士，而欲得此义奋欸兴之人，夫岂难哉？然前此者，李敬业、骆宾王以此致败，徒以增逆焰而沮壮夫之气，其成败已可睹矣，故虽有慷慨英多捐生效节之情，公弗与也。张柬之为蜀州刺史，奏罢姚州之戍，泸南诸镇一切废省，禁南夷之往来；敬晖为卫州刺史，突厥起兵，欲取河北，诸州发民修城，晖不欲舍收获而事城郭，罢使归田；公于此乃有以得二公之器量，而知其可以大任焉。

持之不发者，藏之已固也；居之以重者，发之不轻也；敛之以密者，出之不测也；不为无益之功名者，不避难成之险阻也。故武氏任之而不疑，群奸疑之而不敢动，臣民胥信其举事之必克，而乐附以有成，善观人而任之者，于此求之而失者鲜矣。[1]

船山在这条史评中对于志、量、识之间的关系有极精微的讨论，他指出人虽志于善而不能持的后果是志易以动摇，如此则很小的得失就能影响其情绪，识因此而不及远，才也因此不能大。在如此之心性下，一见有功名可立，即规以为量；一旦事出溢于心量，则张皇而畏缩。如此，授其以大任，则必然是枵然不给，慷慨激昂的李敬业、骆宾王举兵反篡唐之武则天而失败之原因正在于此，船山之辨析道尽历史上多少慷慨人物成败之内因。狄仁杰观察张柬之、敬晖二人

1.《读通鉴论》，第 637—638 页。

之所为而知其器量可以大任，二人之器量如船山所归纳："持之不发者，藏之已固也；居之以重者，发之不轻也；敛之以密者，出之不测也。不为无益之功名者，不避难成之险阻也。"诚为识人之要也。

　　"志"、"量"、"识"　又是与作为大臣之品格的"大臣之道"一体的。前述船山在关于狄仁杰、李沆的史论中完全是将志、量、识与大臣之道联系一起，他在关于唐裴度的史论中则批评裴度"其志、其量、其识，皆不足以及此，而公大臣之道以诎矣"[1]。可见"志量识"是船山评价大臣的标准，它与"大臣之道"完全是一体的。

1.《读通鉴论》，第 772 页。

第三章

理势合一与察几趣时

——政治家之理势观

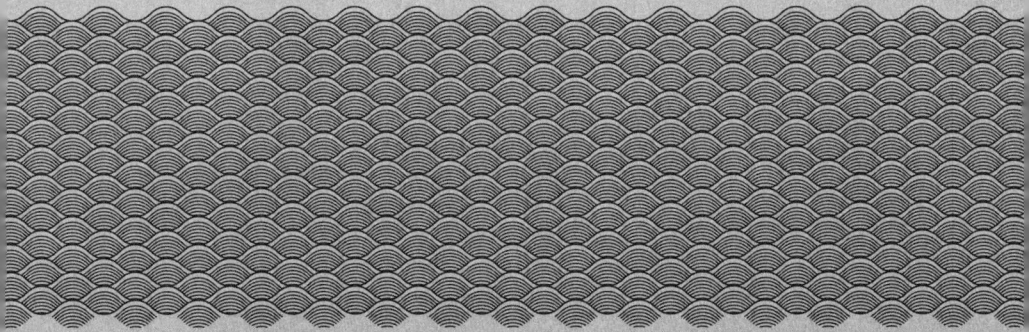

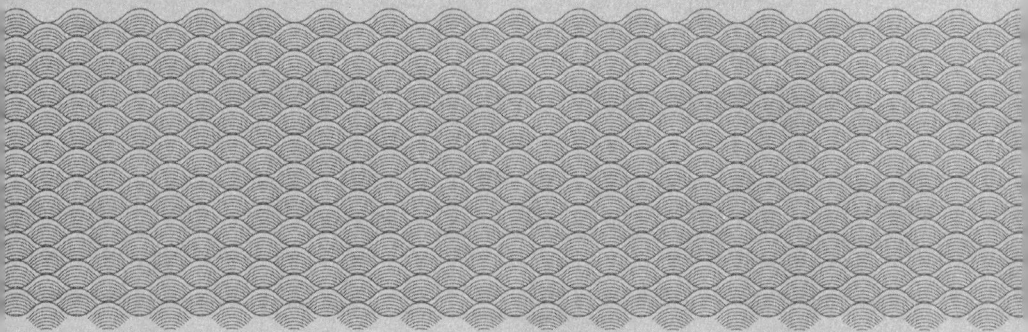

政治之为政治的保证在于心性之学，有此内在之大本大源，然后发而向外应世、通变才能得乎时中之道，使天下事事之处理皆得其宜（即达到善），应世也就离不开心对于外在事物的理、势与时、几的把握。

一、理势合一：天地之心不可息

王船山在解释其《读通鉴论》的书名时，强调读史需要知"道"而"通变"、"肆应而不穷"，这就要有对"几"、"势"之把握，即知"道"，明大义的立本、立体的同时，需要"察几"、"研几"，察微言的由体而起用的功夫，二者乃是相辅相成。船山著述的特点是经、史互见，其经学著作《诗广传》中强调知"道"者还需等待"几"的出现："故知道者勿固信之，勿固从之，参伍而错综之，几未至，德未及，而犹俟之，其时可矣，而后以为可也。"《周易内传》中更是提醒虽已明道但应物却失几之害："学之已明，守之已至，到临几应物上一失其几,则虽期许无惭,而俯仰天人,已不能自免于耻。"因此强调"研几审理,终其身而无可辍也",这即是船山对于士君子终身学习的理解,同时也是对政治家的要求。

"道"与"几"的关系,即是"理"(天理)与"势"(时势)的关系。常人只见纷乱繁多的历史事实而理不出头绪;自视聪明的功利主义者只见"势"、见"力"却不见理、不信理;宋明理学家试图以"天理"来解释历史,但只以夏商周三代为理想之时代,为天理之显现,而视三代以下的汉、唐事功无足观,鄙之为"天地亦是架陋过时,人心亦是牵补度日",其高悬的天理不免流于绝对理想主义的过高之论。船山所主张的理势合一论超出三者之上,理与势完全打成一片。嵇文甫先生在《船山哲学》一书中,对船山的理势合一论专门有细致精到的论述。在历史是天理的展开上,船山与朱熹等理学家大方向是一致的,而区别于功利主义者只见势。与朱熹所不同的是,船山所理解的天理是具体、活动、变化的;天理在历史中的展开方式也不是简单的直线展开,不是现成可见的,而是曲折地展开。在理学家不以为有天理的三代以下的历史,甚至极乱之世,船山细细地辨析出天理。对于这一"曲折"性的精微辨析正是船山史论超越前贤之高明、精到处。东汉光武帝、唐高祖、宋太祖这几位开国皇帝都被船山视为天理、人心的体现。

船山分析光武帝刘秀得天下较之汉高帝刘邦而更难。光武即位第二年定都洛阳时,天下之乱方兴,他所能作为根据地的只有河北,当时天下寇叛遍布,割裂而聚斗。船山微窥光武荡平群寇的方法在于"以静制动,以道制权,以谋制力,以缓制猝,以宽制猛",光武帝说他治天下"以柔道行之"。船山认为光武帝不止是治天下如此,其取天下亦如此,"柔"并非"弱"的意思,而是"反本自治,顺人心以不犯阴阳之忌也"。

　　光武帝制胜的原因被船山进一步总结为"以道胜焉"：光武即位不久，即"修郊庙，享宗祖，定制度，行爵赏"；首先拔擢名儒旧臣伏湛为尚书，征拜守节自爱、名冠天下的七十余岁通儒卓茂为太傅，赐予几杖、车马；派人绥靖河内、安抚关中，"一以从容镇静结已服之人心，而不迫于争战"，从而桀骜之徒"皆自困而瓦解"。假使汉高帝处于此，未必能如此淡定，可见光武帝之规模弘远。船山感叹"使得天下者皆如高帝之兴，而无光武之大猷承之于后，则天下后世且疑汤、武之誓诰为虚文，而唯智力之可以起收四海"，如此则曹操又有何忌惮而不为天子？船山因此认为"三代而下，取天下者唯光武独焉，而宋太祖其次也。不无小疵，而大已醇矣"。他甚至赞赏自三代以下，"唯光武允冠百王"。

　　对唯智力可以取天下之说的批驳，亦贯穿于对唐高祖李渊何以得天下的议论中。船山指出天之理不易知，人之心不易信，而"失之者恒以躁"。常人都将唐之得天下归之为李世民之勇略志大而功成，却不知唐高祖李渊慎之又慎之心"持之固、养之深"，迟回而不遽起，"不贪天方动之机，不乘人妄动之气"，看似不足以争天下之先，实际却能顺天之理、契人之情，合于道而行，"有以折群雄之躁妄"，而"天时人事适与之应以底以成"，非李世民所能及。船山评价唐高祖意念之深，诚不可及，更认为"有唐三百年之祚，太祖一念之慎为之。则汤武必行法以俟命，其静审天人之几者，亦可仿佛遇之矣"，而"慎"与"审几"又是一体的。

　　持守"慎"之念为唐高祖得天下的原因，而宋太祖受天命之故，在船山看来则是"惧"之一念。船山在其《宋论》中将宋与商、周以及汉、唐之帝王受天命、"宜为天下君"作比较。商、周以德为最上，汉、唐以功为其次，但他们"宜为天下君者，皆在未有天下之前，因而授之，而天之佑之也逸"。宋太祖赵匡胤虽无积累之仁，无拨乱之绩，较之曹操之扫黄巾、诛董卓，篡晋的刘裕北伐而俘虏后秦主姚泓、斩首南燕主慕容超、诛杀乱臣恒玄还"百不逮一"。但考察赵匡胤得天下后治理国家之举措则"固宜为天下君"。赵匡胤之施德于民以靖祸乱，都在已有天下之后。所以宋之君天下，"皆天所旦夕陟降于宋祖之心而启迪之者也"——"启之、牖之、鼓之、舞之，俾其耳目心思之牖，如披云雾而见青霄"，船山指出："于天之佑，可以见天心；于人之承，可以知天德。"

船山进一步论析宋太祖受天命、一统天下而成盛治的根本原因只在其"惧"——"惧者，恻悱不容自宁之心，勃然而猝兴，怵然而不昧"，船山认为这乃是上天不测之神震动于幽隐，"莫之喻而不可解者也"。船山分析宋太祖"权不重，故不敢以兵威劫远人"；"望不隆，故不敢以诛夷待勋旧"；"学不夙，故不敢以智慧轻儒术"；"恩不洽，故不敢以苛法督吏民"。从而惧以生慎，慎以生俭，俭以生慈，慈以生和，和以生文。而自唐末以来，百年嚣陵噬搏之气"浸衰浸微，以消释于无形"。船山由此赞扬宋太祖无赫赫之功而能不自废，无积累之仁而能不自暴，所以"承天之佑，战战栗栗，持志于中而不自溢"。则当世虽无商、周、汉、唐之君，而"天可行其郑重仁民之德以眷命之"，宋太祖宜为天下之君就是必然的了。船山就是这样对天理在历史中的曲折展开作出了细致入微的辨析。

光武帝、唐高祖、宋太祖这几位开国者都被船山视为"继天立极"、天理的体现者，船山更深入分析天理在唐末五代十国这样的乱世依然存续。唐末淮南节度使、南吴创始者杨行密及其手下、南唐奠基者徐温即为例证，二人在宋明儒心目中乃是不足道之跳梁小丑。

当徐温大破吴越国之钱镠时，其义子徐知诰请求乘胜东取苏州，徐温却念及战乱久而民困，因着钱镠之惧，而戢兵息民，使两地各安其业，并由此说道："岂不乐哉？"船山誉之为"蔼然仁者之言"。自唐末黄巢攻陷长安之广明丧乱以来,能念此者有谁呢?不得不说徐温以一介武夫却能做到。徐温能这样做到乃是继杨行密而来,船山就此有精彩的论述。

船山首先指出,不忍人之死,本是人同此心,而习气却能夺之。唐末朱温、高骈之流以杀人为乐,百姓也就群起而相为流转,以相杀为乐而成习气。但习气乃是无根的,如有一人,一念之明,一言之中,一事之顺,幸而有其成效,则"相因以动,而恻隐羞恶之天良复伸于天下,随其力之大小、心之醇疵,以为其感动之远近,苟被其泽,无不见功于当时,延及于数世",杨行密就是这样的例子。

杨行密之时,朱温、高骈等以杀人为乐。杨行密由卒伍起家,也是通过力战而占有江、淮。他忽然退而自念,作固本保邦之谋划,虽屡胜朱温,却转而划地自全,而不急与朱温这样的虎狼争食。于是江、淮之寡妻弱子"幸保其腰领,以授之徐温"。徐温由此而知保全民众之为利,而"歆动以生其不忍昧之心"。从此以后江、淮之谋臣战士,不再以杀人流血为利,知迷而返。故而抚有江、淮,到李煜之时几乎成为乐土。徐温所说的"乐",人人都明白而保其乐,徐温几乎称得上是仁者,从根源上说都是杨行密"息浮情、敛狂气于习气炽然之中所培植而生起者也",所以杨行密为功于乱世也大。而徐温有如此之言,因此而留东南千里之生命于二十余年,"虽一隅也,其所施及者广矣!"

船山的结论充满对于天理、人心之信心,他指出极乱之世,"独立以导天下于恻隐羞恶之中,勿忧其孤也,将有继起而成之者"。故杨行密之后,必会出现徐温,"此天地之心也,不可息焉者也"。对于历史、人心的信心之支撑乃是为学、为政者不可或缺的。

在唐末五代这样的极乱世中,船山依然能窥察出天理,此更有进者,他还分析北宋兴起之端乃由作为乱世的五代末所开启,是所谓

"察几"。后汉重臣杨邠、史弘肇在议政时公然训斥其君刘承祐，而说"有臣等在"，禁止其开口，完全无视君主权威，结果李业、郭允明引导二十岁的刘承祐诛杀了杨邠、史弘肇，但刘氏不到一个月内也被大将郭威所灭而迅速亡国。

刘氏继位不久，人心未固，主势不张，而轻用不测之威，剪除推戴之臣，可谓不量力。对于手握重兵的郭威则马上就想以一纸诏书诛杀之，把国事当作儿戏，更是愚不可及。常人对此事的分析也就止于此，而船山则能从"几"、"势"的高度"浚而求之"：认为杨邠等就诛，所谓推戴功臣始知人主自有其魁柄，人主不用战争，就可以如除门前之草一样除权奸，唐末以来强臣篡位相沿成习之风气得以转移，天下"始有可安之势"。有杨邠等之就诛，而后有后周樊爱能等遇敌望风而逃的大将受戮而"众心允服"；有樊爱能之正法立威，而后北宋开国石守信等大将以释兵权保禄位为幸，两宋于是有三百年的安宁。故诛杀杨邠等之举乃是"天下渐宁之始"，而刘承祐之死生，后汉国之存亡，则不足论。船山甚至认为李业、郭允明之自不量力而亟杀权臣，或许是"天牖之以靖百年飞扬盘踞之恶习"。

由船山上述史论可见，王船山不离势而言理、天理与事势完全打成一片。言理势，也就是说"理之势"（《读四书大全说》卷九）。他对于天理的理解不再是宋明理学家高悬、抽象、不变的天理，而是具体、活动而可以变化的，所以三代以下的唐高祖、宋太祖可以是天理的体现，天理在五代之极乱之世依然存续，并开宋兴之端。船山说"得理自然成势"（《读四书大全说》卷九），同时说"于势之必然处见理"（《读四书大全说》卷九），又说"势相激而理随以易"（《读通鉴论》卷一）。

二、研几趣时

"理"与"势"之间还有"时"、"几"："势因乎时，理因乎势"；"天下之不可易者，理也；因乎时而为一动一静之势者，几也"。前述唐高祖"慎"、不遽起而能"静审天人之几"。船山对于东晋末刘裕"察几"的分析尤见精到。当时桓温之子桓玄起兵欲篡位，其为竖子，讨之必克，"理无可疑"，但当时朝廷晋安帝如行尸走肉、宰相司马道子擅权乱政，"君非君，相非相"，则"理抑不能为之伸"；"以力相敌，而力尤不可恃"。当此之时，不容不"察其几哉"。

当桓玄进犯历阳时，朝廷军队或逃或溃，桓玄畏惧的是刘牢之所拥有的北府兵。刘牢之说他取桓玄易如反掌，但他却做出了投靠桓玄的选择。船山指出，刘牢之即使有不轨之心，为何不诛杀桓玄而挟功以成元勋，却忽然怀异心以依附桓玄，可谓极其诈而愚。唯独刘牢之帐下将领刘裕"见之也审"，故与牢之子刘敬宣、甥何无忌极力劝谏刘牢之决心讨伐桓玄，当此之时，"刚决而无容待也，几也"。

等到桓玄已攻入首都建康，完全掌握朝政，并将心腹派到各要冲以巩固其权力，又矫饰以改变司马道子昏乱之政，人情得以稍安。刘牢之却在这时候想起兵攻桓玄，结果没有起兵就将士离心，他还想着渡江投靠广陵的高雅之，其失败是必然的。此时，连刘敬宣也变得糊涂而投奔高雅之，又唯独刘裕"见之也审"，直言相告刘牢之说不能这样做，并自己返回京口，联合何无忌以徐图后效。此时，"持重而无患其晚也，几也"。桓玄刚反叛时，刚决为"几"，而这时则"持重"为"几"。

从事后而反观，"几亦易审"，但迂疏之士，"执一理以忘众理，则失之"；狂狡之徒，如刘牢之，"见其几而别挟一机，则尤失之"，"无他，气焰之相取相轧，信乱而不信有已乱之几也"，这就是刘裕与刘牢之的云泥之别。刘裕对何无忌说："玄若守臣节，则与卿事之。"这并非谎言，因为"乱有可已之几"，这是不可逆的。刘裕又说："不然，当与卿图之。"则桓玄"已在裕目中矣"。果然，桓玄入建康之后第二年底篡位登基，骄奢无道、百姓困苦、民心全失。两个月后，刘裕兴义军，几个月就灭了桓玄。所谓间世之英杰能"见几"者，如此而已，岂有不可测之神智。

从船山对迂疏之士、狂狡之徒的双重批评来看，"几"是对时机的分寸把握，但"几"又区别于所谓机权，因为"几"乃是有"理"在其中。可以说，"理"与"势"之间还有"几"这一至关紧要的中间环节，孔子说："知几其神乎"，《周易·系辞》说："君子见几而作，不俟终日"，又所谓"审几度势"，"几"乃是"理"还未成"势"之前极隐微之消长变化之先兆，"见几"、"审几"乃是对此变化之际的先见之明。

由于"理"在历史中的展开而成"势"不是直线式的，这就需要对于"几"的把握，需要主观能动性，否则"理"无以成势、无以伸展。"几"意味着对于时位的判断。船山说"时者，圣人所不能违"，"知时者，可与谋国"，而《周易》之教，强调立本，也强调须"趣时"："趣之为义精矣，有进而趣，时未往而先倦，非趣也；有退而趣，时已过而犹劳，非趣也。"

三、摆放进具体历史情境中，
设身处地谋划决断的读史之法

船山强调"趣时"，强调"审几"、"研几"，又与前述船山对于历史的读法问题紧密相关，即要求读史者完全把自己放在历史情境之中，通过把握历史中一时一事的具体细节而审察时位，极深研几而

精义，而不是大纲、要点式的，如此将历史中习得的智慧用之于复杂万变的政治实践，达到"运用之妙，存乎一心"的效果。船山充分把握了政治首先是一种实践活动，是随时要对于形势、时机作出精微的判断，从而作决断，作出合分寸、合中道的行为选择，即"见几而作"，达到"处焉而宜"之善。而政治经验、智慧的习得、累积乃在世代相承的政治传统中，这一政治传统很重要的是通过历史而传习，所以政治知识作为不同于一般知识的实践性知识的研究，首先应是一种历史研究，政治能力的养成在读史。

船山《读通鉴论》是据司马光《资治通鉴》所述史事而论从秦始皇到五代的历代政治得失之缘故。他在《叙论》中解释"资治通鉴"书名之深意，涉及史学的性质，修史的目的，如何读史、用史，以及读史的效果等史学及其与政治的关系的根本问题。

"资治"一词之意不是只知治乱而已，乃"所以为力行求治之资"，这就涉及到史书的可实践性的这一性质："史之为书，见诸行事之征，则必推之而可行"；写史的目的：史之所贵在于"述往以为来者师"，为史者"记载徒繁，而经世之大略不著，后人欲得其得失之枢机以效法之无由也"，则需要史书干什么呢。由此则有如何读史、用史的问题："设身于古之时势，为己之所躬逢；研虑于古之谋为，为己之所身任。取古人宗社之安危，代为之忧患，而己之去危以即安者在矣。得可资，失亦可资也。同可资，异亦可资也。故治之所资，惟在一心，而史特其鉴也。"船山所要求的是读史者完全把自己摆放进具体的历史时势中设身处地的体验、谋划、决断的功夫，从而不断让心牖打开，心量不断扩充。为政者政治能力之培养不仅在实际的政治历练，亦在平日用心之读书、读史之同样得磨砺，二者一动一静、互相影响、交互为用而为一体。

"鉴"，在于"于其得也，而必推其所以得"，"必思易其迹而何

以亦得";"于其失也,而必推其所以失","其失也,必思就其偏而
何以救失"。即是一定要推究成功、失败背后的深层原因,成功的历
史经验还要想到当具体情况有所变化时,如何做到变通而还能继续
有效,因为历史条件只有相似,而不可能完全一样。失败的历史经验
则要思考就其偏而如何能挽救失败。只有这样正反两面穷究读史,
史才可为治之资。

"通",既在对政事通贯之见识,亦在为学、为政者心性之
达观:"其曰'通'者,何也?君道在焉,国是在焉,民情在焉,边防
在焉,臣谊在焉,臣节在焉,士之行己以无辱者在焉,学之守正而不
陂者在焉。虽扼穷独处,而可以自淑,可以诲人,可以知道而乐,故曰
'通'也。"独处困境亦能"知道而乐"正是船山本人之写照。

何以需要有"论"?是因为读史需要"引而伸之",不是就事论
事;需"浚而求之",不流于老生常谈、似乎显而易见其实不尽然的
历史解释,而是发掘历史的深处、曲折处以及所以然;需"博而证
之",要能将此一史事博洽地联想到历史上其他诸多相似的史事加
以相互参证,并作辩证之同异比较;需"协而一之",即在充分把握
了史事的种种复杂之"分殊"之后而能把握"理一",从而以简御
繁,以不变之体应万变之用;需"心得而可以资人之通",从而最终
达到"治身治世、肆应而不穷"的读史而能应万变的效果。船山乃
是要强调个人读史时发挥最大的主观能动性,读史、论史不是现成
的照读、照抄,而是要变通——运用之妙,存乎一心的活学活用的功
夫,所立之"论"也不是一成不变,更非"终古不易"。所以读史不是
容易的,更不是把玩,而是另一种意义上的心性锻炼。这就是船山
将读史以及论史所上升到的高度,这乃是与对于读史者的内在精神
品质以及相应的应变能力的提升一体的。

结论: 大臣之道合心性之学与理势合一观为一: 走向理论提升与躬行实践的经学政治学与史学政治学

以上三章分别论述了船山在其经解、史论中所诠释的大臣之道, 心性之学与理势合一观, 大臣之道乃是合心性之学与理势合一观为一。

船山所提出的合心性之学与理势合一观为一体的"大臣之道", 当然不是他的纯个人发现, 而是作为中国传统之核心的儒家及其经史之学所固有的——从三代的《尚书》、《周易》、《诗经》, 春秋战国时的《春秋》、《周礼》、《论语》、《孟子》、《礼记》(尤其是其中的《大学》、《中庸》这两篇) 等经传以及历代大儒之经解, 到"二十四史"、《资治通鉴》、《读通鉴论》, 以至《贞观政要》、《康熙政要》、乾隆的《御批历代通鉴缉览》等史学, 也通贯于两汉经学、魏晋玄学、宋明理学, 以至历代名臣、大儒之文集, 用一句话概括就是"内圣外王之道"。内圣按今天的说法就是修身、德性、政治品质、政治伦理。内圣的心性之学本身意味着以心穷理的功夫, 即穷理尽性, 审理之精, 顺应天理, 始能得理而自然成势。

儒学发展到宋明则有宋明理学这一新形态, 而理学发展到船山那里则有对朱子学、阳明学的双重克服, 亦可同时谓集大成, 船山对朱子、阳明之克服乃是基于对长时段延续之历史问题的回应, 问题亦延续至现代中国, 故船山学之影响从晚清一直持续至20世纪70年代"评法批儒"; 在治道、治术 (中国道、术一体) 方面, 船山亦可谓集大成 (自然同样就有对各家之辨析, 尤其对儒者外儒内法之批评, 对于老、庄的批判性克服, 等等), 而其理学与治道某种程度上可视为同一物。

船山关于合心性之学与理势合一观为一体的"大臣之道"之精

义，让今天以政治为志业者重新反省政治之为政治的保证为何？是否只是功利、富强？政治实践是否就意味着阴暗的权谋？在政治中讲心性、讲天理是不是陈义太高而不可及？是否是政治理想主义、政治浪漫主义从而就取消了其实际可操作性？如船山所精微诠释的，恰恰是不能持志定，量与识不弘远，也就不能达到处事得宜之效果。而极乱之世，天理依然存续，即《周易》复卦所显示的剥极必复，一阳来复，"复以见天地之心"。是否讲心性、讲天理成为政治的大关口，政治最终的保证在于心性以及与之配合一体的学问，还在于对于天理的信心，以及对于时势的精微把握，从而积极促成由理而最终成势。讲心性也还有如何讲才不是迂阔的问题，"性之不存，无有能极其才者也"，有心自然有无穷之术，术不在心之外，只有像船山讲到如此地精微处，心性才能真正发而为大用。而理之成势，需要对"几"的把握，需要发挥主观能动性，否则理终无以成势，无以伸展。

如果经过船山的解释，心性其实是政治的最终保证，那么还要问在心上下工功夫对于今天的政治的意味是什么？理势既合一，那么今天政治中最高的理，天理是什么？又如何通过穷此理而相信政治中天理的存在，并如何致力于将此理成功转化为势？船山所解释的合心性之学与理势合一观为一体的"大臣之道"，能否在今天成为政治哲学的原理性的高度？心性，在心上下功夫，理势合一，见几趣时，政治的最精微处，这一谈论政治的方式在现代政治中已罕见了，这恰恰暴露出现代谈论政治的方式反而是简单而粗暴的，缺少传统的细致耐心。重新回到这一方式，才有可能审视现代政治中根本的缺失。

今天的我们要能真正理解、体验船山所讲的缩合心性之学与理势合一观为一体的"大臣之道"，先要从所谓知识论上打破一种自大、狂妄——以为历史上的大臣（即政治家）与我们常人一样，一样的情感、意志、经验，一样的教养，一样的思维习惯、行为习惯，甚至以为作为后人、作为"现代人"的我们比他们更高明、进步。看到古之大臣、政治家与今天的我们一样，其实只看到了表面的一层，即人性的最粗浅层，却有没有看到的其他层面——船山所说的大臣之道以及"志、量、识"这样的在心性上所下功夫。对于今天治中国政治学、中国政治史者（甚至包括政治实践者而言）而言，大臣之道、在心上下功夫这一古人默会的知识已被遗忘。

故以现代人对于"人"之理解其实完全没法进入到对于传统政治（其实也包括对现代政治）之理解，说得不客气的话，与小孩过家家无异。政治之伟大，乃是在德性、修身、在心上下功夫，此并非道德理想主义，乃是如船山所言立心而自然有术。有不忍之心必有无穷之术在，术为"四通八达之道"，即方法、智慧。心在、心之专一，则能殚精竭虑地想办法；心不在，则放逸而以为困难，自然无术。中华人民共和国建国之初为何讲"中国人民的志气"，其政治学涵义正在此。有心、有志而心气生，而后才生、术生。今日不讲志、不讲志气，或所讲又是陈套，缺少新的讲法，由此出现官员信仰之危机。政治家的志向、信念在中国古代而言是志于道义、志于善，一生不停止，一生学，学而行，即"苟日新，日日新，又日新"的学习精神。此学不是训诂之学、记诵之学，不是学院化所谓知识与价值切割、知与行切割的所谓客观之学，而是有人之"神"在其中，需用心神去体之于身。此乃是船山所说"有志者之学"。志于什么，则有相应的心量、学识，所以首先是有志、立志、志于善。持志定而不动摇，同时是具通、具择善之识而影响志与心量。

有政治历练、政治实践经验者稍微静下心来，反求诸己，体证于自身，其实不难体会到，船山所诠释的合心性之学与理势合一观为一体的"大臣之道",虽无其"名",但却有其"实"地作为活的传统而迄今延续着,即或多或少、或纯或杂地体现于现代中国政治家的日用而不知中。

在建基于对中国史学、经学研究的前提之下,有无可能超越纯粹的历史主义,而从经学、史学中提升出政治的原则,建立中国的经学政治学、史学政治学。钱穆先生曾指出船山的最后著作《读通鉴论》、《宋论》两书,"今人皆以史论目之,不知其乃一部政治学通论。于历代政治上之大得大失,以及出仕者之大志大节所在,阐发无遗。"[1]建立中国的经学政治学、史学政治学,这既是学术本身的要求,亦是贞固中国道路、中国政治道路所不可或缺的。如孔子在春秋时从其之前的三代经典中提升出中国文化、中国政治的原则,今日面对过往积累了两三千年的经学、史学以及近百年来的变迁,中国必须要重建自己的政治学,而经学政治学、史学政治学则是其中不可或缺的环节。

最近有报道称,北京市中高级官员培训在选择大学专门为其开设的培训课程时,由对于一般的国学的兴趣而转向对于史学,尤其是以史资治之兴趣。这显示出作为中国史学之核心之政治史作为实践性的学问的特点,以及官员们对于延续的中国历史政治经验所开始具有的习得意识。只是官员们还只是在用,更确切地说是在"实用",而非"体"的层面把握史学。他们未必能明言的心中之"体"以及政治正当性,大多来自不能有效解释当代中国政治实践(即"用")的西方政治学。于是我们看到的是中国政治理论与实践,即"体"、"用"被打成两截。此"体"是与中国实际政治无关的虚体、他人之体,但它(以及"正当性"问题)却虚悬在上,使得原本具有

---

1. 钱穆《略论中国政治学》,收入《现代中国学术论衡》,东大图书公司(台北)1984年版。

政治正当性的中国政治一直处于缺乏所谓正当性的自我意识危机中。而"用"若不能上升到"体"的高度，仅只是较低的、补充性的实用层次，则终不能给官员们提供理直气壮之自信心，如此则永远无法贞定中国的政治道路。

船山所诠释的"大臣之道"、"志量识"、理势合一、审几趣时等需上升到政治学原理的高度。这即是笔者所要提出的"史学政治学"以及"经学政治学"之紧要性所在。中国之治道以及政治智慧之习得乃在于作为中国礼文化、礼教政治之核心的经学、史学上。就经学、史学的分工而言，经学为"体"，提供"道"，即理据；史学为"用"，是经学之"道"、"理"在历史之"势"中的展开。二者相互之间缺一不可，史学若不以经学为根据，则用而无体、见势不见理，最终用亦有所亏，势或不成，或成一时之势，不能长久，终而必失；而经学之理若不能在历史中展开，则只是中空之体而无用，理亦经不能成势。二者之合一，即经史之合一乃是理势之合一、明体而达用。经本身其实亦是史，是三代之史，只是从孔子开始即从中提炼出文化价值理想，而历代解经者亦将其对于所在时代的政治经验贯注于其中，形成古今之间持续不断的往返对话。同时这些经注与历代史书一样，亦不断形成新的"道"，如此则有《周易》所说的不变与变化的统一。

强调走向理论，即整体上作为"体"的经学政治学与史学政治学的同时，又强调"走向实践"，乃是基于政治这一门学问不同于其他学问的实践性品格。船山强调行中出真知，行之后知乃是真知，又谓言必可行而后言，知的最终目的是为了行，船山说："知者非其所知也，力行而后知之者"，"凡知者或未能行，而行者则无不知"，因此"知以行为功"，"行可兼知，而知不可以兼行……君子之学，未尝离行以为知也必矣。"船山所讲大臣之道、心性之学乃是切实可行，非有做事、历练经验者不易会心地体会船山经解、史论中字字句句之洁净精微。

后
记

　　书稿既成，首先感念的是恩师余敦康先生。大约十七年前，余先生还在社科院宗教所儒教室带学生，在家中开设了小型的"中国古代哲学原典博士生研读班"，每周一次课，每课三小时，专门读原典。一起上课者多则三四人，少则两三人，有他一位韩国博士生，还有我们几个有心追随余先生读书问学的同好。上课地点多在余先生家客厅，窗外是川流不息的大街，碰到先生家有外地亲友小住，也会转移到卧室或狭小的餐厅。从1996年到1999年，除寒暑假外每周不曾间断，如此一读就是好几年。

　　每周固定的一天，我会清早从北大小南门边的筒子楼34楼出发，赶往北三环安贞里余先生家。那是幢老旧的塔楼，光线昏沉，电梯慢吞吞的。离开时，我们往往从五楼走下去，黑暗中每到一层，跺一下脚，灯就亮了。那时我研究生毕业留校没多久，还沿袭着做学生时睡懒觉的习惯，为了上课不迟到，也为了保持充足的精力，总是奢侈地打车来去，不惜花掉每个月工资的一部分，记忆中留下的，全都是乘兴而去、满载而归的惬意。

余先生那时年已六七十，夏天天热，用电扇，他会随意穿件白色旧T恤以及长睡裤，其率性颇有其早年研究的魏晋玄学之名士风度。只有读起书来，才见出他的严格。他要求我们读经典必求一字一句细读，辨其微言大义，细读的方式则是几个学生先轮流读，边读边讲，然后余先生一一加以更正、阐发、总结。因为只有三两人，偷不了懒，所以我们必须提前几天预习。

所读经典为宋明理学、经学与佛教各家原典，以经学，尤其是易学、礼学为中心。读张载的《西铭》，明天人一体，即由"乾称父，坤称母"之天道，而有"民吾同胞，物吾与也"之人道；读《易》，读程颐《伊川易传》之义理，一卦卦读，和一般哲学书的读法不同，不是光着眼于逻辑思辨，还要将自己整个的人摆进卦爻辞中的处境里，也摆进程颐当时所面对的北宋的政治环境里，读《易》最终是理解理学的关心在于内圣外王的贯通；又读朱子《周易本义》、《易学启蒙》，以求明《易》之阴阳之"对待"与"流行"两义，这是对人道之仁（即"亲亲"）与义（即"尊尊"）从天道、宇宙论高度的哲学论证；易学为体，礼学则为用，读礼，读《礼记》，读到其中《曲礼》之繁复细微时，必让我们设想自己践履两三千年前周代这些曲礼的感受，而读三礼之学最终是明白中国文化的实质为礼乐文化；读佛家从东晋僧肇《肇论》到唐宋的各宗原典，则看宋代理学如何成功地应对外来的佛教在心性之学上对儒学的挑战，从而明宋代理学"理一分殊"之义，如此等等，不一而足。

余先生当时虽然在中国哲学圈子内部的学术辈分、学术地位很高,但在学术路数上却实属异数。当时主导中国哲学、宋明理学研究的要么是西方哲学式的概念范畴、哲学思辨,要么是港台新儒家所强调的儒家的道德理想主义,哲学界开始接受宋明理学是要由内圣的心性之学而最终通向外王之经世,要到好多年后另一位国际上名气更大的余先生、即余英时《朱熹的历史世界》一书出版以后,余敦康先生可谓孤明先发。而他之凸显礼,主张中国文化的实质是礼的制度化的生活安排,则要到近年才渐渐被哲学界重视。

今日想来,余先生领着我们细读这些经典,乃有一以贯之者,即中国文化之根本在家庭,这也决定了中国文化之实质为礼乐文化,也就是百姓日用而不知的全面的制度化的生活安排,其中的原则为源于家族的合同之"亲亲"与别异之"尊尊"这一对张力,即秩序与和谐的统一,而内圣外王的贯通作为儒家、理学的最终关心,也本于"亲亲"与"尊尊"之义。

每次读完经典,总会留在余先生家吃午饭,再即兴聊上一会儿。兴致高时,余先生会小酌几杯。余先生家的餐厅本来就小,除去门窗全是书架,只是书架里不仅照例堆着满满的书,还摆着好多好酒好烟,这大概是余先生常年书斋生活之余唯一的嗜好了。余先生喝酒,学生们当然得奉陪。韩国留学生酒量最大,敬酒、喝酒时恭敬地守着韩国礼仪。只有我,一滴白酒都不能沾,这时余先生就会一本正经地批评我说,不会喝酒,怎么能做好中国哲学、怎么能做好中国文学呢? 遗憾的是,在喝酒这点上,几年下来,我还是跟余先生一点都没学到。

几杯酒过后,余先生会让师母马老师、或让我们给他盛一小碗米饭,马老师说余先生年轻时饭量可大了。余先生个高高的,年轻时在北大哲学系上研究生时被打成右派,发配到农村劳动,干农活时能肩扛两百多斤,又不惜力,当地农民都喜欢他,说他是好人受冤

枉,那马老师就是古戏里说的嫁英雄于落难时的小姐了。马老师是
上海人,个小,却有女中豪杰之气,吃饭时她也会聊余先生的学问,
却十有八九是故意批评、消解余先生,余先生则会笑眯眯地问我们
谁对谁错,不用说,我们会全线站到马老师一边,我们可是吃着马老
师做的一桌好菜呵。马老师是回民,家常便饭经她之手,不论牛鸡鸭
鱼还是豆腐蔬菜,每每浓香得不行,加上她一劝再劝,吃惯食堂的我
总是嘴馋,不免吃多。那几年,我们几个学生总想请余先生和马老师
出去吃饭,却一次都没成。说来跟余先生上了几年的课,就跟马老师
蹭了几年的饭。只有一次,饭差点没吃成。

余先生是湖北汉阳人,近代以来湖北可是出了不少有豪杰气象
的哲学家,作为当世哲学大家,余先生学问气象纯而大,平素给我们
上课时并不威严,而是充满长者、智者的慈和乐天,唯有一次例外。
那次是读佛家之唯识学,唯识本身复杂不易懂,加之没好好预习,所
以我们一开讲便破绽百出。余先生先是皱眉,继而瞪眼,最后终于
动雷霆之怒,把我们一个个全都震蒙了。上完课马老师叫我们吃饭
时,余先生余怒未息,对马老师说,“不好好读书,不给他们饭吃”。
那顿饭吃得真是战战兢兢,全然不觉菜香,从此再也不敢不打起十
分的精神来事先阅读。余先生那次雷震,让我们领略了一如其湖北乡
贤熊十力、徐复观等先生之气象,也让我们印证了以往关于余先生的
一些逸事。据说一次中港台儒学学术会议上,港台两派观点争论不
休,余先生猛然拍案道,你们争什么,接着几句断语,一下子把在场
所有人都给震住了。后来我还在一次会上亲身领略了一次。

跟余先生学经学的时候,自己的研究兴趣已由文学转入经学,
起初几年兴趣在汉代,研读东汉经学《白虎通义》,按余先生的指
导,思考影响中国后世两千年的纲常名教如何落实于礼制,即全面
的制度化的生活安排。2000年到海外时,则集中了一段时间全面梳

理了一遍贯穿家庭、社会、国家的"八达礼"(冠、婚、丧、祭礼,乡饮酒礼、射礼,朝礼、聘礼)的具体繁复的礼仪及其背后的礼义;接着以孔子对礼之践履来通贯性地解释孔子自述其"十五而志于学,三十而立"到"七十而从心所欲不逾矩"。当时写了一篇七八万字的长文,虽一搁十多年,其兴趣乃是依循跟余先生读礼而来。

那之后,我的研究兴趣彻彻底底地转向了王船山之学,尤其是其经学《周易内传》、《读四书大全说》,史论《读通鉴论》、《宋论》。开始那几年一口气草就了十多篇文章,都是研究船山经史之学与政治实践之间的关系的,当时不急着整理,是想着有一天彻底思考成熟后才发表,哪知一拖就是十年,而本书终于写成,还是因了诸多助缘,此为后话。而着眼于船山《易》学与政治之间的关系,自然又是与当年跟随余先生读《伊川易传》相关。

归于船山之学,就个人治学脉络而言,是由历史转向文学后,再转进到哲学与政治,继而又试图将历史、哲学以至文学与政治贯通;从古今中西之学上,是由西学、今学先是转向中国古典之老庄,继而佛家,再转进到儒学、经学,最终于船山之学上止定而不迁;就个人的学问方式而言,一以贯之的是对为己之学作为体验之学的探求与坚持。船山学不仅是朱子之后儒学、理学之集大成,更重要的是船山经史之学之精微,乃切切可行,既为个人做事之学,亦为任天下大事之学。

政治知识有异于一般知识,是一种实践性知识。强调船山经史之学与政治实践的关系,正是基于船山之学知而可行、知乃是为了行的特点。船山说,"知者非真知也,力行而后知之真","凡知者或未能行,而行者则无不知",因此,"知以行为功","行可兼知,而知不可以兼行"。故有关政治实践的学问,正是船山所谓"君子之学",而"君子之学,未尝离行以为知也必矣"。

十多年来一读再读《船山全书》，信然，温故而知新。船山之学既高明之极，却又非一般理学家高妙之虚悬，实乃做事之学，十余年来体会愈来愈深。

记得2002年底，郑纳新兄一再邀我一同创建广西师大出版社上海贝贝特公司。草创不易，那时晚上密集地温习船山的史论、经解，并抄录、评点。遇做事中之困惑、艰难，得船山经史之论而立释，立命安身而不忧。记得当年依船山史论指导自己行事而印证无疑者，感触最深的就是"社稷之臣，唯正而已矣"一语。一般人会觉得这是空的理想主义，真历事，则能体会"正"者，既是道，也是术，"君子务本，本立而道生"，"以道统术，以术得道"，无怪乎晚清郭嵩焘言："读船山之论，两年阅历，曲尽形容，使此心为之爽然。"近年在香港，常与中文大学同事甘琦议事之成败得失，往往不由然地以船山之语断之。甘琦不同于吾辈，二十年来完全是在书业实战中历练，她往往惊奇于船山之语竟能全然说中做事之人的经验教训。其实世间之事，不论大小，其理一也。

十年来跟当年的北大友人贺照田、张志强、杨立华、赵琦等说得最多的，也是自己对于船山的理解，他们屡屡建议我写出来发表，但由于自己生性疏懒，十年前的草稿几乎篇篇都是靠师友邀约砥砺，才得以成篇：

十多年前，金观涛先生看到我关于船山的研究计划《王船山对中国政治文化的省察》，嘱我修订，蒙金先生不弃，刊载在他主编的香港《二十一世纪》杂志上。第二篇整理发表，则是十年后了。

2010年夏，杨念群兄在人大清史所举办"清代政治与国家认同"学术研讨会，邀我参加，并一催再催，逼我改出《志、量、识与大臣之道》。随后拆成两篇，《大臣之道》发表在《清史研究》上，《志、量、识》发表在《中国哲学史》上。幸有念群兄力促，我得以将此二文题献给余敦康先生八十大寿，聊补过往之愧疚。一篇是历史，关于大臣之道，偏于从船山史论入手；一篇是哲学，关于心性之学，偏于从船山经学入手，两篇又都是将经与史，哲学、历史与政治完全打成一片。我觉得必合此两篇而向余先生祝寿，方可比较完整地表明自己从余先生所学之学术路径（余先生的《何晏王弼玄学新探》、《内圣外王的贯通——北宋易学的现代阐释》均是经与史，哲学、历史与政治相结合的研究典范）。

说到余先生八十大寿，至今深怀愧疚。1909年时，余先生弟子陈明师兄预备给余先生祝八十大寿，嘱我写余先生印象记。我写了草稿，但不满意，想完善些，最终仍不如意，没能交稿。也是这一愧疚，使我决心无论如何将旧文改出，作为呈给余先生的作业。2011年春，受中国人民大学文学院之邀作"学科国际前沿教师培训"系列讲座，四次中三次都是关于船山，因而有机会得到众多友人包括杨念群、陆建德、孙郁、干春松、杨立华、姚丹、李书磊、杨慧林、唐文明、张志强、张辉、刘宁、江湄、任峰等坦诚而无保留的批评。北京大学政治思想研究中心"秩序与历史"学术论坛上，李强、王献华、王利、翁贺凯、施展、张笑宇以及之后陈怀宇等，也给予我中肯评论。众多宝贵的批评使我得以完善自己的思考，在此一并致谢，还要感谢其他机构的邀请（不一一列举）。此外，还要感谢其他场合赵峰、李文堂、张军、任俊华、马奔腾、齐惠、郭益耀、王柯、张荣华、郑纳新、张岩峰、刘兴政、尹树广、黄发忠、周剑利、高超群、谈火生、高王凌、刘后滨、尹钛、谢昌晶、李二民等友人的鼓励与批评。

2011年冬，中华书局包岩社长力邀，我答应整理出版《大臣之道》一书，作为《资政新编》丛书之一种。包岩做事雷厉风行，紧接着就组织了中华书局"资政新编沙龙"，由我讲第一讲《大臣之道》。基于《资政新编》丛书着眼于"资政"的特点，包岩所请的听者多为官员，希望通过他们的反馈来对我的书的修改完善有所助益。地方是在西山一座山顶上的书画院，那天黄昏，北京刚好下第一场雪，沙龙大厅的一面高墙是一整面玻璃，对着暮色中西山漫天的飞雪，此气息与中国古典的智慧正相感应。那晚的沙龙持续到晚上十点多，在座不同部委、不同层级官员的不同角度的回应给我启发良多，也是我要致谢的，当然包括包岩的悉心安排。本书第三章《理势合一与察几趣时》一文，也与包岩的催稿分不开，此文原为包岩策划的《领导干部历史读本》一书中我负责撰写的《王船山〈读通鉴论〉导读》中的一部分。国务院古籍整理出版规划小组原办公室主任、中华书局原副总经理沈锡麟先生审读完本书后，一夜未眠，考虑了很多问题，并对原最后一章提出了精到的修改建议，令我甚为感动。中华书局总经理助理尹涛也就此提出了切合的修改建议，提出建议的还有中华书局大众图书分社副主编聂丽娟，责任编辑傅可对本书的编辑工作细致而认真，在此一并致谢。

现在整理出的三篇船山研究旧稿，较之十年前，思路可说几乎没有任何变化，有变化的只是文字的疏通而已，不免惭愧自己十年来居然无所精进。不过，十年后再读当年所梳理并服膺的船山之说，只觉得对于今天的自己来说依然精微如故，值得细细参详，对此，我宁愿相信这印证了船山本人所说的持志定而择善固执。记得2000年去英国前，研究生导师钱理群老师及同门给我送行，在两个棒球上分别写下赠言，有同门赠言曰"大器晚成，死守善道"。今天来看，晚则晚矣，成则未成，器则不大，但"死守"船山之道则言中。岁月荏苒，十七年已过去，一事无成，既负师友之望，更有违时时捧读的《周易》中"进德修业，欲及时也"之圣训。只能以船山解"乾"卦初九爻辞所言"其于学也，则博学不教，内而不出"来稍微自解一二。

今年大年初四，我到余敦康先生家拜年，带上了本书书稿。在余先生面前，我颇有不安，没想到的是得到了余先生的鼓励，认为"特别需要、特别重要"，我心才安下来。那一刻我也更明白了余先生之志。若不是余先生内心深藏经世之志，何来1997年的《内圣外王的贯通——北宋易学的现代阐释》一书，又何来2006年的《周易现代解读》一书？后者明体而达用，直接将易学的智慧运用于现代的决策管理、立身行事。遂又想起2010年春节，我陪着钱理群老师到余先生家聊了一整天，两位老师几乎在所有现代中国问题上的看法都甚为相契，唯有两点上大异，其中一点是余先生坚持传统的王者师的意义，钱老师则以现代知识分子价值来批判传统的王者师。那次聊天后，我更深地体会到余先生之学，守先待后之学也。

不敢轻言钱理群老师，是缘于老师在心目中无比重的分量，也是因为希望自己日后能在格外受益于老师的另外书中来说。多年来，我最不敢面对的就是老师的厚望。人们多从他的论著中想象他如鲁迅般深刻的批判力，实际生活中他的形象却活脱脱似笑口常开大腹能容的弥勒佛。相由心生，老师心地包容世事之大实如是。当年跟老师念研究生时，他对人说，最欣赏我的是，我作为他的弟子，与他的思想不同。老师在学者中，人所不可及者是他的厚道。这么说并不因他是我的导师而有所溢美，我真心想的是，为何他不能就是那能容一切世间事的一尊佛呢？言至此，只想说"经师易得，人师难求"，二十年来，每每有疑而要决疑时，自己总会想到求助于老师的智慧，老师之"导师"，是真正意义上的导师。

没有上面这么多助缘，自己有关船山研究的草稿肯定依然搁着，可能又是十年过去。这也是这篇后记不避冗长的缘由所在，我不能"无所住而生其心"。

我的父亲、母亲，对于自己从小到大一直不停地买书、看书，不断地积累、积累，不但从无埋怨，相反一直默默给予支持。父亲退休后就忙着跑上跑下，牵头修族谱、修路、修祠堂、祭祖等等，让我对当年与余先生读《礼记》时，他时时提及的"尊尊"、"亲亲"以及"百姓日用而不知"等语有更深切的体会。

我的岳父当年放弃高薪，徒步投奔解放区，岳母则在解放前参加军医大，他们当年的信仰与选择让我尊敬。他们今天自觉（或思维惯性）是共产党员，但我同时也从他们的言谈中看到孔孟之道的底色，共产党员与孔孟之道合而不分，不知这是否也可以作为本书的一个印证。

内子牟坚之正、之严，时时让我敬畏、惕厉（当然很多时候也让我受不了），而她批评我之过，我之改者百不及一，真是惭愧之至。若没有她平素时时之正我，真不知自己将何以立身立己？

小女向明的降生，让我在身体力行的意义上对儒家的家庭、对中国的礼乐文明有了完整的理解。这也就是当年与余先生读《周易》、读《礼》之印证于身，亲身体会中国文明何以以家庭为根本。小孩子从生下来，对于父母就是天然的、全然的信赖与依靠，父母对于子女是天然的不加任何前提的无私的慈爱，天伦之乐之"天"，正是"天然"之谓，葆有此天然、纯真之性并向外扩充，由近及远，达到张载《西铭》所说民吾同胞、万物一体则易而不难，诚而不虚，这是中国文明的大本大源所在，也是中国文明能大、能久的原因所在。由此也理解中国政治传统由近而及远、由家而天下的推扩，俗语中的父母官、子民实包含着甚深的温厚之情，今日当温故而知新。孩子、赤子之心是对大人的启示，孩子某种意义上也是来成全大人，是让大人成长——立己、修身、齐家，有时位，则治国平天下，如此，我们怎能不深深感谢孩子降生到我们家中呢？

自内子十月怀胎，我亦开始整理十年前搁置的旧稿。起初向明尚在母亲腹中，及至出生成长，恍然已一岁又两个月。一两年间，她伴我读书写作，我有时也为她喂水进食、哄她入睡，她带给我的，竟是多年来不曾期待的身心沉静。这个意义上，本书既是诸多助缘带来的，也是小女带来的。我常想，等有一天她长大了，读到这篇谈及她爸爸的师友、亲人以及她自己的长长的文字，不知会做何感想。向明最喜欢的不是玩具，而是见到纸、见到书就乐。记得有一天，她坐在我的书桌上，好奇地翻开一本厚厚的书，是我正在看的《船山全书》第一册《周易内传》，只见她翻着翻着，忽而撕下一纸书角。

北京初春的一场雨雪过后，清风穆穆，望着家中阳台前空了十年的一片园地，不禁心有所感动。于是平生第一次刨草松土，整出菜地，施下种子。春气生万物，大概两个月后就可以采摘新鲜蔬菜给向明吃，还可以顺便分送给小区其他人家相熟的小孩，不由然想到本书《导论》结尾所引船山学堂创办者刘人熙日记中之语，"方今朝野周行，无真正豪杰，前途正未可知。亦冀传播船山学说，为兴起中国之种子"，是为记。

2013年4月25日于京西北

139